MBA
100の基本

グロービス＝著

嶋田毅＝執筆

東洋経済新報社

はじめに

何事にも「基本」というものがあります。サッカーであれば、「前をむいてボールを蹴る」「ドリブルは相手と正対して行う」。野球のピッチングであれば、「投球に緩急をつける」「内角に投げることを恐れない」。写真撮影ならば、「逆光は避ける」「構図は、三分割構図、四分割構図、日の丸構図、対角構図から」などがそれにあたります。

こうした基本は、長い年月をかけて先人がその有効性を確認し、言い習わしてきたものです。現実にすべての基本をいきなりマスターするのは難しいかもしれませんが、**知っているのと知らないのとでは、習得や実戦に天と地ほどの差が出るの**は容易に想像がつくところです。

ビジネスにおいても全く同様で、知っているかそうでないかで大きく差がつく基本は少なくありません。たとえば本書のBasic1で取り上げた「論点をしっかり押さえる」という基本動作は、日ごろの意識次第で、個人の論理思考力や会社の会議の生産性に格段の差が出てきます。

「基本」は初歩という意味を含む言葉です。初歩ですから、当然初心者向けという要素も大です。同時に初歩を押さえていないとベテランでも失敗するという怖さも内包しています。事実、世の中の失敗の多くは、難しいことにチャレンジしての失敗ではなく、基本をおろそかにしての失敗なのです。

それゆえ、こうしたビジネスや経営学の基本、エッセンスをかいつまんで効率的に学びたいと思われているビジネスパーソンや学生の方は多いはずです。

　この変化の速い時代には、それらを学び、自らの価値を高めておかないと、そもそも仕事を失うかもしれませんし、仮に仕事が得られたとしても自分の思ったことができないという可能性が高まっているからです。

　しかし、MBAの基本を効果的かつ体系的に学ぶのは容易ではありません。さまざまな分野がありますし、専門用語などもきわめて多岐にわたるからです。そもそもどこから勉強を始めればいいのか当たりがつかないという方も多いことでしょう。

　本書では、そうしたことを踏まえ、ビジネスシーンやMBAのクラスで繰り返し語られている経営学、ビジネスの基本から特に大事なものや実戦に役立つエッセンスを厳選し、「1フレーズ」でわかりやすく手軽に学んでいただけるようにまとめました。

　経営学の初学者の人にとっては、「ビジネスではこのようなことが基本であり、知っておかなくてはならないんだ」ということがわかるでしょう。ぜひ、「これは知らなかった」というものがあれば、繰り返し読んでください。

　また、ベテランの方も、何かあった時に思い出し、意思決定や実践のヒントとしたり、部下への指導に活用したりすることもできるでしょう。

　職場で実際に「こういう言葉があるのを知っているか？」などと引用されるのも効果的なはずです。

その意味で、本書は、学びの書でありながらも実践書としての機能も強く持っています。また、構成の特徴上、前の方から順に読む必要もありません。興味のある章から読んでいただいて構いません。

いま現在、目の前にある仕事と絡めながら辞書的に使っていただいてもいいと思います。そうした使い勝手のよさをぜひ最大限ご活用いただければと思います。

これらの基礎がわかってくれば、自ずとさらに深く勉強したくなるはずです。科目やテーマごとの教科書はたくさん出ていますし、本を読む以外にもさまざまな学び方があります。

MBAの全体像を捉え、勉強する入り口としても活用いただければと思います。

最後に、本書を上梓するにあたってお世話になった方々への謝辞を述べさせていただきます。本書を執筆するにあたっては、東洋経済新報社出版局の宮崎奈津子さんに企画段階から上梓に至るまで、さまざまなアドバイスや支援をいただきました。改めて感謝いたします。また、原稿に対して有益なフィードバックをしてくれた同僚諸氏にも感謝します。

本書が一人でも多くのビジネスパーソン、特にこれから最前線で活躍される若い方々のビジネス力向上につながれば幸いです。

グロービス出版局長
グロービス経営大学院教授
嶋田毅

本書の構成

本書は11の章を設け、100の基本を紹介していきます。

図01 MBAの全体像と位置関係

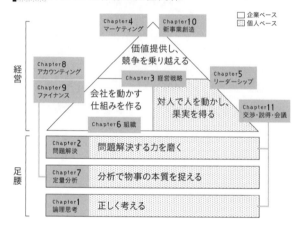

下の三段は、物事を適切に考え、問題解決を行う、いわば「足腰」となります。コンサルティングファームなどで徹底的に鍛えられる部分です。上のピラミッドは経営学のエッセンスとして、世界中のMBAのカリキュラムで標準的に教えられる部分です。

網かけ部分の、個人としてパフォーマンスを発揮する上で鍛えるべき力と、白地の部分の、組織を運営する上で鍛えるべき力、経営にはこの両者が必要であるという感覚もぜひ持っていただければと思います。

各章で取り上げる項目数は、おおむね重要度に応じて設定しています。

Contents

はじめに 3

Chapter1

論理思考
説得力を高める

Basic

001 論点は何？ 20

002 根拠は3つ 22

003 それって本当？ 26

004 反対者には反対者の論理がある 30

005 人は見たいものだけを見る 32

006 客観的に見よ 34

007 空、雨、傘 36

008 論点のすり替えを疑え 38

009 内容と人格を分けよ 40

010 ファスト＆スロー 42

011 単純にしろ、この間抜け 44

Chapter2

問題解決
望ましい状況を手に入れる

Basic

012 問題が設定できたら、解決は容易 50

013 分けることはわかること 52

014 「なぜ?」を5回繰り返せ 56

015 仮説と検証を繰り返せ 58

016 クイック&ダーティ 60

017 必ず第三の道がある 62

Chapter3

経営戦略
よき戦略なくして
長期的な繁栄はない

Basic

018 戦術のない戦略では勝利への道のりは遠い。
戦略のない戦術は敗北前の騒音である 68

019 大事なのは、何をするかではなく、
何をしないかである 70

020 競争するのは最悪の戦略 72

021 魅力的でない市場で稼ぐのは難しい 74

022 成長分野は混雑分野 76

023 ゲームのルールを作れ 78

024 OR ではなく AND を目指せ 80

025 ベストプラクティスに解はない 82

026 戦略は外に対して正しいだけではなく、
内に対しても正しい必要がある 84

027 強いから生き残るのではない。
適応するから生き残るのだ 86

028 すぐれた経営が、
大企業を衰退させる要因である 88

029 真似できないものを持っているか否かが
重要だ 92

030 CSV こそが競争優位につながる 96

031 神は細部に宿る 98

Chapter4

マーケティング
効果的にキャッシュを得る

Basic

032 マーケティングの目的はセリングの
必要をなくすこと 104

033 顧客がほしいのは 1 インチのドリルではなく、
1 インチの穴である 108

034 不満のあるところにビジネスチャンスあり　110

035 人は見るまでその商品をほしがらない　112

036 相手と同じことをしようとした瞬間に負け　114

037 傑作はシンプルなものである　116

038 顧客に最初に思い出してもらえることが
重要　118

039 人の行動はほとんどが習慣　120

040 チャネルの視点で考えろ　122

041 ブランドは
単なるプロモーションの結果ではない　124

042 顧客満足は最高のマーケティング　126

043 法人顧客の最大の関心事は社内からの
評価である　130

044 人が先、顧客は後　132

045 顧客は神様ではない　134

Chapter5

リーダーシップ
人が動いてくれなければ、
どんな仕事も実現できない

Basic

046 100をいって1が伝わる　140

047 人間は感情の動物　142

048 リーダーに生まれるのではない、
リーダーに育つのだ　144

049 よきリーダーとなるためには、
よきフォロワーとなれ　146

050 人を動かすには模範を示すことが大切だ。
それしかない　148

051 私の仕事は大聖堂を作ることです　150

052 フィードバックに過剰はない　152

053 しゃべるな、聴け　154

054 教えることが最高の学び方　156

055 対立あればこその深みである。妙味である　158

056 見て、感じて、変化する　160

Chapter6

組織
いい仕組みが競争力を
向上させる

Basic

057 組織は戦略に従う　166

058 30年成長する企業はメカニズムがある　168

059 問題は、誰をバスに乗せるかだ　170

060 器が人を作る　172

061 人間はインセンティブの奴隷　174

Chapter7

定量分析
数字を使って意思決定をし、人を動かす

Basic

062 数字だからこそ疑え　180

063 ビジネス数字は人間学　182

064 apple to apple　184

065 額、率、「当たり」　188

066 「眼」で考えよ　190

067 「ない数字」は Best Estimate で作り出せ　194

068 嘘には3種類ある。
　　普通の嘘と真っ赤な嘘と統計だ　198

069 平均値は平均の像ではない　200

070 きれいすぎるデータには裏がある　202

Chapter8

アカウンティング
会社の数字を正しく読みとる

Basic

071 会計がわからない＝経営がわからない
ということだ 208

072 信用は透明性から 210

073 財務諸表には意思が反映される 212

074 人は測定されるものにしか興味を示さない 214

075 測定できないものはコントロールできない 216

076 PDCA はあらゆるフレームワークを
包含する 218

Chapter9

ファイナンス
企業価値の最大化を図る

Basic

077 キャッシュが王様だ 224

078 目先のペニーは、
はるか先の 1 ドルに等しい 226

079 スカイツリーの頂上から飛び降りた時の
リスクはゼロ 228

080 借金は素晴らしい 232

081 卵は同じ籠に入れるな 234

Chapter10

新事業創造
企業存続の道であり、経済成長の源

Basic

082 完璧より、やる方がいい 240

083 早く、低コストで失敗しろ 242

084 早く行きたいなら一人で、
遠くへ行きたいならみんなで行け 244

085 No というな How と聞け 246

086 量は質に転化する 248

087 5分で考えつくことは、
ライバルも5分で考えつく 250

088 モノではなくコト作り 252

089 寿司屋とは、寿司で客寄せして酒で儲ける
飲食店である 256

090 Winner Takes All 258

091 アントレプレナーシップは学べる　260

092 制約は自分だけ　262

Chapter11

交渉・説得・会議
コミュニケーションによって
生まれる価値

Basic

093 Win-Win or No Deal　268

094 オレンジの皮か中身か　270

095 目標値の高さが合意レベルを決める　274

096 感情、規範、利得　276

097 返報性と一貫性に注意せよ　278

098 議論の目的は勝利ではなく改革である　282

099 「みんなの意見」は案外正しい　284

100 会議の目的とその貢献を明示せよ　286

MBA キーワード一覧　288

論理思考

Chapter1

説得力を高める

説得力を高める
論理思考

　ビジネスの生産性を上げるためには、より適切な意思決定をする能力と同時に、それを他者に説得力をもってコミュニケーションできる能力が必要不可欠です。これらはいずれも論理思考力に含まれます。

　これらの能力が欠如していれば、自分の意思決定が間違ってしまう可能性が高まるわけですから、影響力が大きくなるほど、会社にダメージを与えてしまいます。たとえば、買収すべきではない企業を買収してしまうと、企業の収益性を大きく削ぐことになります。事実、こうした意思決定を行ったことで重大な経営危機に陥った企業は少なくありません。

　また、他者に説得力をもって自分の考えを伝える能力がなければ彼らを巻き込むことはできませんから、いいアイデアであってもそれが日の目を見ることはないでしょう。

「この製品を開発するといいと思うのですが」
「理由は？」
「うまく説明できませんが、当たると思います……」

　このようなコミュニケーションでは、誰も納得しません。同意する人間がいたとしても、根拠が曖昧ですから、これでは結果はなかなか出ません。

論理思考はよくパソコンの CPU に例えられます。どれだけ経営の知識やノウハウ（OS やアプリケーション）があったとしても、CPU の処理能力が貧弱だったり、誤作動を起こしてしまっては、知識やノウハウは宝の持ち腐れです。

　一方で、論理思考力は、日頃の鍛錬で伸ばせるものです。常日頃から使うことで、確実に強化できるのです。

　まずはこの論理思考こそが、すべての土台となることを強く意識していただければと思います。

Chapter1 ● 説得力を高める論理思考

Basic

001 「何を考えるべきか」を
まずは考える

論点は何？

解説

　説得力のある主張をするためには、まず「何について考えるべきか」を把握しておく必要があります。この「何について考えるべきか」を論点あるいはイシューと呼びます。

　論点ずれを起こさないように自問する際や、会議が迷走しそうになった時に議論を本論に引き戻す際にも有効ですし、さらには部下や後輩の指導などにも使えます。

　以下のようなケースを考えてみましょう。新入社員研修のあり方について議論している会議で、ある参加者がこう発言しました。

「うちの会社は、新入社員の研修は結構力を入れているけど、それ以外の層の研修は弱いよね」

　この発言そのものは事実かもしれませんし、本人としては

正しく問題提起をしたつもりかもしれません。しかし、会議の本来の目的からはずれています。こうした発言が複数出てくると、みなが自分の関心のあることをしゃべり出し、会議は迷走を始めます。会議に影響力を持つ人間がそのようなことをしてしまうと、会議はどんどん脱線していきます。

　すると、本来会議で決めるべきことが決められなかったなどの結果になってしまうのです。無駄な会議ほど機会費用（その時間でできた他の仕事）の生じるものはありません。議論すべき論点を外すことはそれだけ罪作りなのです。

　論点がずれていく典型的なケースには以下のようなものがあります。

・関心の強い事柄について必要以上に考え込む
・定義や前提に必要以上にこだわる
・一般論と個別論を混同する
・抽象度を必要以上に上げる
・本論と、人格や態度、立場を混同する
・本論と、プロセスや手続きの話を混同する

　先の例は会議でしたが、資料作成や外部パートナーとの議論なども、本来の論点を外したものは無駄になってしまうのです。

キーワード
論点、イシュー

Chapter1 ● 説得力を高める論理思考

Basic

002 複数の納得感の高い根拠で、
バランス良く主張を支える

根拠は3つ

解説

　何かを主張する場合、その主張には「柱となる根拠」が必要になります。その数として適切なのが３つ（あるいはせいぜい４つ）というのがこの言葉の趣旨です。

　なぜ３つなのでしょうか。まず、一つの根拠で何かを断言するのは普通危険ですし、説得力もあまりありません。たとえば「社員のSNS利用を禁止しよう。なぜなら危険だから」といった主張です。根拠が２個のケースはやや微妙で、それで大丈夫な場合もありますが、柱としては脆弱となることもあります。

　５つ以上になると、今度は説明された人間が覚えきれず、第三者に説明できないという問題も出てきます。そこで、根拠は３、４程度の納得感のあるものとすることが、経験論として有効なのです。

なお、論理的で説得力のある主張をするためには、論理の構造がしっかりしている必要があります。そのための考え方に、ピラミッド構造があります。

これは、図2のように一番上にメインメッセージである主張があり、その下に主張を支える柱となる3つ程度の根拠、さらにその下には根拠を支えるそれぞれの根拠があるというピラミッドのような構造になっているものです。

元マッキンゼーのコンサルタント、バーバラ・ミント氏が考案しました。コンサルティングファームなどでは、論理展開の標準フォーマットになっており、論理思考を強化したいのであれば必修のフレームワークといえます。

完成形のピラミッド構造は、どの階層をとっても、上段から下段にむかって「なぜ（Why?）」に答えるという関係でつながっています。

つまり、「（主張）です。なぜなら（根拠A）、（根拠B）、（根

図02 ピラミッド構造

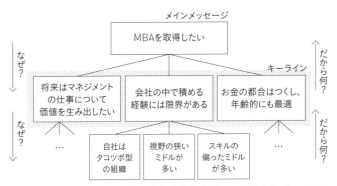

出所：バーバラ・ミント『考える技術・書く技術』（ダイヤモンド社）を参考にグロービス作成

拠 C）だからです」「（根拠 A）です。なぜなら、（根拠 A-1）（根拠 A-2）（根拠 A-3）だからです」という関係にあるのです。

　同様に下段から上段にむかっては、「だから何？（So What?）」に答えるという関係でつながっています。

　図 2 の例では、「（主張）MBA を取得したい」
　なぜなら
「（根拠 A）将来はマネジメントの仕事について価値を生み出したい」
「（根拠 B）会社の中で積める経験には限界がある」
「（根拠 C）お金の都合はつくし、年齢的にも最適」
という関係があります。

　こう主張されると、「MBA をとっておくと安心そうだから」あるいは、「いまの会社に不満があるから MBA をとりたい」などという、根拠が少なく、かつ偏った主張に比べ、はるかに説得力が高いことがわかります。

　ポイントは、メインメッセージを支える「柱」となるキーラインの部分が、建物の屋根を支える太い柱のように、バランス良く、かつ高い納得感があることです。

　ビジネスにおいては、主張を支える柱としては、ビジネス・フレームワークを使うと有効です（3C や 4P などが有名です）。こうしたフレームワークをたくさん知っているのとそうでないのでは、長い目で見て生産性に大きな差が出ます。ぜひ基礎的なフレームワークは理解しておきましょう。

ワンモア・アドバイス

知っておいて損のない超代表的なビジネス・フレームワークを以下にリストアップしますので、参考にしてください。

・**PEST**：業界を取り巻くマクロ環境を、政治・法律（Politics）、経済（Economy）、社会（Society）、技術（Technology）の観点から分析する

・**3C**：Customer（市場・顧客）、Competitor（競合）、Company（自社）を網羅的に分析することで事業課題を見い出したり、戦略の方向性を知る

・**4P**：マーケティングにおいて、顧客への適切なアプローチを Product（製品）、Price（価格）、Place（チャネル）、Promotion（コミュニケーション）の4つの組み合わせから検討する

・**バリューチェーン**：事業活動を機能ごとに分類し、どの部分（機能）で付加価値が生み出されているかを知り、戦略立案に生かす

キーワード
ピラミッド構造、Why?、So What?、ビジネス・フレームワーク、3C、4P、PEST、バリューチェーン

Chapter1 | 説得力を高める論理思考

Basic

003 ファクトベースで説得力を増す

それって本当?

解説

　どれだけ論理展開が正しくても、その根拠のベースとなる事柄や前提が間違っていたら、最終的な主張も間違ったものになってしまいます。23ページのピラミッド構造の図でいえば、一番下の根拠が事実（ファクト）ではないということです。こうした事態を避ける問いが「それって本当?」です。シンプルながら、最終的な主張や結論の説得力を向上させる上で非常にパワフルな問いです。

　論理展開が正しくても、根拠が間違っているがゆえに不適切な結論を導き出してしまった例が図3です。

　比較的単純な三段論法の論理展開です。アマゾンが創業から20年以上にわたって、売上の割にはほとんど利益を残していないことは事実ですから、一見すると最終結論にも説得力があるように思えてしまいます。

■図03 どこがおかしい？

「企業はしっかり利益を残すことが強く求められる」

「アマゾンは創業から20年も経つのに、
いまだに大した利益を残したことがない」

↓

「アマゾンの経営は失格だ」

　しかし、アマゾンの経営が失格だという専門家や株主は少ないでしょう。ではどこに問題があるのでしょうか。

　このケースでは、最初の大前提である「企業はしっかり利益を残すことが強く求められる」がつねにあてはまるわけではないという点がポイントです。

　アマゾンはその気になればいつでも利益を出すことができますが、なまじ目先の利益を出すのではなく、得られたキャッシュは基本的に投資に回し、成長を追いかけています。圧倒的な存在感を築いた後に利益回収を図るという発想です。

　実はこの考え方はITビジネスではよく用いられる発想です。Uberのような企業価値10兆円といわれる企業（2016年現在）も、いまだ大変な赤字ですが、得た資金をひたすら成長のための投資にむけています。

　つまり、「企業はしっかり利益を残すことが強く求められる」というのは、成熟した公開企業、特にリアルビジネスで

はおおむねあてはまりますが、IT業界、特にプラットフォーム型のビジネスやベンチャー企業では必ずしもあてはまらないのです。それを大前提としてアマゾンを評価した点が、先の論理展開の落とし穴だったのです。

　根拠となる事柄や前提が正しいことをどのように確認すればいいのか、いくつかヒントを提供しましょう。

1. 健全な批判精神と代表的な参照値を持つ

　ある資料が「自動車業界の市場規模は20兆円」という情報を根拠にしていたとします。しかし、トヨタ自動車1社で20兆円を超える売上があることを知っていれば、すぐに情報が間違っていると気づくはずです。

2. 出所はどこか

　ネットでさまざまな情報がとれるようになりましたが、ソースを追っていくと、ネット上での噂にすぎなかったり、1人の人間の書籍やブログに行きついたりということが少なくありません。信用に値する情報源なのかつねに疑いましょう。疑問を感じたら、自分で確認するフットワークも必要です。

3. 情報収集の状況などを精査する

　社内の調査データなどに疑問を感じた場合などに有効です。質問票の設計がおかしかったり、偏ったサンプルから情報を集めていたりということはよくあります。数字を集計・計算した人間が、数字を改変（改竄）することも、少なからず発生するものです（Basic62参照）。

何かを主張する際はつねに「ファクトベース」であること
を意識し、また他人の主張やその根拠を怪しいなと思ったら
「それって本当?」と問いかける習慣をつけたいものです。

ワンモア・アドバイス

　批判的に物事を考えることは非常に重要ですが、それは組
織や関係者にとって価値を生み出す建設的なものであるべき
という点も意識しておく必要があります。相手のあらを探し
たり攻撃したりなど、批判のための批判にならないように気
をつけたいものです。
　相手に対しても、ぶっきらぼうに聞くのではなく、「この
数字は肌感覚と合わないのですが、どこから出てきた数字な
のでしょうか?」など、相手の感情に配慮することも、仕事
を円滑に進める上では大事です。

キーワード
批判精神、ファクトベース、出所、データの改竄、参照値

Chapter1 ● 説得力を高める論理思考

Basic

004 物事を多面的に見ることが
全体最適を生み出す

反対者には
反対者の論理がある

解説

　人間は自分が正しいと思ったら、その主張や根拠にほれ込んでしまい、視野狭窄に陥りがちです（次項の「人は見たいものだけを見る」とも連関します）。

　また、自分の意見に反対する人間には、無意識に敵意を抱くものです。しかし、これでは考えは深まりませんし、議論も生産的なものになりません。

　反対者の主張やその根拠を虚心坦懐に受け入れ、なぜ相手はそのような主張をしているのかを理解することが、実は自分自身の思考力を伸ばしますし、相手と Win-Win の関係を構築したり、より効果的な問題解決にもつながるのです。

　冒頭の言葉は、明治を代表する企業家、渋沢栄一によるもので、その後に「それを聞かないうちに、いきなりけしからん奴だと怒ってもはじまらない。問題の本質的な解決には結

びつかない」と続きます。

この精神は、複眼思考とも結びつきます。相手には相手の立場や目指すべき利益というものがありますから、寄って立つ前提が異なるわけです。その相手に自分の理屈を押しつけることは傲慢であり、思考停止でもあります。それを**相手の立場に立って考えるのが複眼思考**の第一歩です。

メーカーがサプライヤー戦略を考えるのであれば、個々のサプライヤーの立場に立って考えることが有効です。

サプライヤーも自分たちの利益を上げたいですから、大量に買ってほしいですし、1個当たりのマージンも厚くしてほしいでしょう。それが理解できれば、「たくさん買うんだから、価格はビタ一文負けない。あとは自助努力でコストダウンして」といった自社の主張が妥当性を欠くことはすぐわかるはずです。

複眼思考をさらに進めて、関係するあらゆるステークホルダーの立場に立って考えると有効です。

いったん感情がこじれてギスギスした関係になるとリカバリーは大変ですし、純粋に複眼思考を行うことが難しくなります。だからこそ、想像力を働かせて相手の立場を理解し、その思考パターンに思いをはせるべきなのです。

キーワード
複眼思考、Win-Win、思考停止、ステークホルダー

Chapter1 ● 説得力を高める論理思考

Basic

005 結論ありきで
視野を狭めてはならない

人は見たいものだけを見る

解説

　人は、自分が何かしらの結論に達すると、その後、自分の主張に都合のいい情報ばかりを集めてしまうものです。これは専門用語では確証バイアスと呼ばれます。

　本来、中立的な検証ができなければ、情報を集めたところで、説得力は乏しいものになってしまいます。

　筆者はよく大学院のクラスなどで、「その気になれば、ある人間を聖人君子のように見せることもできるし、極悪非道の人間に見せることもできる」といっています。ネットでさまざまな情報が手に入る昨今、この落とし穴はますます拡大傾向にあります。

　これが単なる趣味の好き嫌い程度の話であればそれほど問題はありません。アンチ巨人の野球ファンが、巨人の良くない情報だけを見て、ますますアンチになるといった状況です。

図04 確証バイアス

目に入りやすい（見たい）情報

- 人柄はよさそう
- スキルは高く、即戦力になる
- 自社の組織風土に合いそう
- 有名大学出身

彼／彼女を採用すべき

目に入りにくい情報

- 短期間で転職を繰り返している
- プライベートで係争中の民事案件がある

　しかし、企業にとって重大な意思決定になると話は別です。新規事業への参入や事業売却などが、結論ありきでスタートしてしまうことほど危険なことはありません。

　自分に対して客観的に意見してくれる知人を複数持ち、彼らの声に耳を傾ける謙虚さが必要といえるでしょう。

> **ワンモア・アドバイス**
>
> 　会議運営のテクニックの一つに**悪魔の代弁者（devil's advocate）** を置くというやり方があります。悪魔の代弁者は、つねに批判的な立場で皆の意見に反対意見を述べる役割です。うまく活用すると、会議の参加者全員が見落としていた視点やポイントを浮き彫りにすることもあります。組織としての確証バイアスを低減する工夫といえます。

キーワード
確証バイアス、悪魔の代弁者

Chapter1 ● 説得力を高める論理思考

Basic

006

第三者の眼で見つめる
もう1人の自分を持つ

客観的に見よ

解説

　物事を考える時、自分の存在という観点は埋没してしまい
がちですが、

・「自分はいまどのような状況に置かれ、どのような行動を
　しているのか？」

・「他人からどのように見えているのか？　好意的に見られ
　ているのか、それとも批判的に見られているのか？」

　ということを、メタレベルで見ることが、思考力やそれに
付随するビジネススキルをアップさせます。

　メタレベルで自分を見るとは、あたかも幽体離脱した自分
の精神が、もう1人の生の自分を冷静に眺めている状態と
考えるとイメージしやすいでしょう。自分を客観的に見るこ
とのメリットはいくつかあります。

1．思考の生産性向上

冷静に自分を眺めることで、Basic1で紹介した「論点を押さえているか」ということを確認しやすくなりますし、いま自分が思考プロセスのどの段階にいるのかということも再確認しやすくなります。

分析という行為であれば、初期のプロセスとして、分析の目的を押さえる、初期仮説を立てるといったことが必要になります。それらを飛ばしていきなり情報収集に入っていないか、といったことを確認しやすくなるのです。

2．感情的になることを抑制できる

たとえば怒鳴っている人が自分をメタレベルで眺めることができると、「嫌な人間だと思われているんだろうなぁ」と気づき、感情的になることを抑制できます。

3．スキルアップしやすくなる

成長の早い人間の共通項に「自分のことをよくわかっている」という点があります。自分を客観視できるからこそ、どこを伸ばすべきかがわかるということです。

他にも、キャリアデザインやメンタルヘルスへの好影響など、客観的に見ることのメリットは数多くあります。

キーワード
メタレベル、可視化、スキルアップ、キャリアデザイン

Chapter1 ● 説得力を高める論理思考

Basic

007

事実を眺めていても何も生まれない。
意味合いを考える

空、雨、傘

解説

　ビジネスを前に進めるためには、つねに観察される事実や
分析が自分や自社にとってどのような意味合いを持つのかを
考える必要があります。特に**「何をすべきか」という行動へ
の示唆を仮説でもいいので考える**ことが、ビジネスの大きな
推進力となります。

「空、雨、傘」は、そうした意味合いを引き出すことの重要
性を示す戒めの言葉で、コンサルティングファームでよく用
いられています。「空が曇ってきた」→「今日は雨が降りそ
うだ」→「傘を持っていくべきだ」というロジックで、ここ
で重要な問いかけは、"So What?"（だから何？）です。

　図5に示したのは逆のケースで、「空が青い」という事実
からどのような意味合いが引き出せるかを示したものです。

　同じ事象を見ていたとしても、その当事者の立場や経験、

図05 意味合いを考える

観察された事実	意味合い	意味合い（行動の仮説）	立場

```
                           So What?
                                    ┌──────────────┐
                                    │ 日焼け止めを  │   敏感肌の
                                    │ 塗ろう        │   女性
             So What?                └──────────────┘
                          ┌─►
┌──────────┐   ┌──────────────┐    ┌──────────────┐
│          │   │ 今日は        │    │ 洗濯物を      │   主婦
│ 空が青い  │─► │ さわやかに晴れる│─►│ 干そう        │
│          │   │ だろう        │    └──────────────┘
└──────────┘   └──────────────┘
                          └─►  ┌──────────────┐
                                │ バイクで      │   バイク好きの
                                │ ひとっ走り    │   若者
                                │ しよう        │
                                └──────────────┘
```

価値観などに差があれば、引き出される意味合いも変わってきます。

　ビジネスでは、売上や利益を生み出すことが重要ですから、無謀にならない範囲でポジティブに物事を考え、有益な意味合いを考えることが大事です。

　実際に物事を進めるにあたっては、仮説をある程度納得感があるレベルまで検証する必要があります（Basic16参照）。言い換えれば、根拠をしっかり確認するということです。

キーワード
So What?（だから何？）、意味合い、行動の仮説

Chapter1　説得力を高める論理思考

Basic

008 詭弁やごまかしを見抜く
瞬発力を鍛える

論点のすり替えを疑え

解説

　Basic1 で、論点を正しく押さえることの重要性を紹介しました。ただ、世の中の人々がすべてそれを励行しているわけではありませんし、中には悪意をもって論点をすり替えて煙に巻こうとする狡猾な人間もいます。

　そうした論点のすり替えにごまかされてしまうと、本来は得ることのできた価値やメリットをみすみす逃してしまいかねません。つねに冒頭の問題意識を持つとともに、典型的な論点ずらしのパターンは理解しておきたいものです。

　いくつかの典型的なパターンを紹介しましょう。Basic1 で紹介した項目の応用としては、以下のものがあります。

・定義や前提の話にしてしまい、本論から逸脱させる
　（例：君はいい会社に勤めたいというが、「いい会社」の条

件とは何だ？）

・個別論を議論すべき時に一般論で議論してしまう

（例：確かにうちの子どもは暴力をふるいましたが、子ど
もはそういう一面があるものでしょう）

・本論と、人格や態度、立場を混同させる（次項参照）

・本論と、プロセスや手続きの話を混同させる

（例：このような重要案件を多数決で決めるのはいかがな
ものでしょうか）

その他に、以下のような手法もあります。

・重要ではない部分の正当さを理由に全体を正当化する

（例：法的には問題がないので、一切問題はないと考えます）

・相手のちょっとした負い目と自分の大きな瑕疵を同等に扱
う「どっちもどっち」論法

（例：確かに連絡もなく大遅刻した私も悪いですが、そも
そも日程を変えたのは、そちらの都合なわけですし）

・相手のいったことを正確に引用せずに議論する藁人形論法

（君は受験勉強は賛成というが、つまり、受験に関係ない
科目は無意味というのだな）

これらの多くは詭弁術の書籍などでも紹介されています。
ただし、これらはあくまで防御のために知っておくべきもの
であり、自分で積極的に用いるのは避けるのが長期的な信用
を考えると賢明でしょう。

キーワード
「どっちもどっち」論法、藁人形論法、詭弁

Chapter1 ● 説得力を高める論理思考

Basic

009

人格攻撃は何も生み出さない。
内容にフォーカスする

内容と人格を分けよ

解説

　何か議論しているうちに、話している内容と、相手の人と
なりや人格を混同してしまった経験はないでしょうか。物事
を論理的に考え、成果を残したいのであれば、内容は内容、
人格は人格といったん分けて考えるのが有効です。

　特に、敵対的な相手との議論については（例：予算の奪い
合いの交渉など）、内容が自分にとって厳しいものだと、相
手の人格も悪く見えてくるものです。すると相手の人格ばか
りに目が行き、人格攻撃をしてしまうリスクが生じます。

　人格攻撃は、他人がいればすぐにわかりますし、議論を生
産的なものにしません。また、長い目で見た時に確実にあな
たの評判を落としてしまいます。

　狡猾な相手になると、あえて挑発し、あなたが人格攻撃を
するように仕向け、それを交渉の土俵に乗せることで、自分

を優位な立場に持っていこうとすることすらあります。要は「青い奴」と見られているのです。

そこで感情的になってはいけません。あくまで内容そのものにフォーカスし、しっかり果実を得ることが大事です。

相手が先に人格攻撃を仕掛けてきたら、むしろそれを活用するくらいのしたたかさを持ちましょう。

「こんな言い方をしてしまう人」くらいに見ておく方が、自分の精神衛生上も有効です。34ページで解説したメタな視点も持ちながら、自制できる強さが必要です。

ワンモア・アドバイス

意思決定を行う際に、根拠そのものに相手の人となりが入る場合、客観的に裏づけられるのであれば、それを根拠の一部とする分には問題はありません。プロジェクトリーダーの選定にあたって、「彼／彼女はすぐに言い訳をする」「感情的になりやすい」などを根拠とするケースです。

本項で述べているのは、あくまで議論の途中で冷静に内容にフォーカスしようということです。

キーワード
人格攻撃

Chapter1 ● 説得力を高める論理思考

Basic

010 直観に気をつける

ファスト＆スロー

解説

　人間は、あらゆることを合理的に吟味して考えるということはしません。そのための時間も足りませんし、非常に頭を使ってしまうからです。そこで多くの人がやってしまうのが、直観的に考え、反応するということです。

　行動経済学の第一人者でノーベル経済学賞を受賞したダニエル・カーネマンは、人間には二つの思考があると指摘しました。一つは早い（ファストな）思考で、システム1と呼ばれます。これが直観的な思考です。好き嫌いといった思考もここに含まれてきます。

　それに対してシステム2と呼ばれる、システム1の後に来る遅い（スローな）合理的な思考は、適切に行えばよりよい意思決定に結びつきますが、努力が必要なため、多くの人は避けがちです。

ポイントは、多くの人間が頼りがちなシステム1の直観的思考は、バイアス（思考の歪み）にきわめて弱いということです。

Basic5の確証バイアスもその一つですし、Basic97の返報性や一貫性も含まれます。その他にも、有名なバイアスには以下があります。

・**ハロー効果**：ある目立つ要素によって全体の印象がゆがめられてしまうバイアス
・**フレーミング**：見せ方によって異なる印象を受けてしまうというバイアス
（例：10万円の商品は高く感じるが、「1日当たり300円」といわれると安く感じる）
・**プライミング効果**：初期に得た印象に引っ張られてしまう

こうしたバイアスは瞬間的な意思決定を誤らせるだけではなく、システム2にも悪影響をもたらすことで、時間をかけた意思決定をも不適切な方向に導いてしまいます。

バイアスや好き嫌いの感情といった要素は、人間である以上逃れることは不可能です。とはいえ、組織にとって重要な意思決定になればなるほど、自分が落とし穴に落ちていないかを検討する冷静な視点は持っておきたいものです。

キーワード
ダニエル・カーネマン、システム1、システム2、ハロー効果、フレーミング、プライミング効果

Chapter1 ● 説得力を高める論理思考

Basic

011 内容を絞り込んだ方が
かえって多くを伝えられる

単純にしろ、この間抜け

解説

　プレゼンテーションやセールストークなどに慣れていない
人間がやってしまいがちなのが、情報を詰め込みすぎること
です。せっかくの情報を伝えないともったいない、と考えて
しまう人間の性向によるものです。

　しかしこれは多くの場合逆効果です。人間の脳はそれほど
たくさんの情報を処理できるほど精緻には作られていません。
多くのことを話されても、聞き手はかえって混乱するのです。

　英語では、"**Keep It Simple, Stupid**"、頭文字をとって「KISS
のルール」ともいいます。

　英語には "**Less is More**"（**少ないほど多くなる**）という表
現もあります。シンプルにする方がより多くのことが伝わり
やすいという本項のフレーズも、それに通じるものがありま
す。実務的には、プレゼンテーションの場合、

・スライドの枚数を減らす
・1枚のスライドに盛り込む情報量を減らす

の二つのアプローチがあります。結論からいえば、両方とも行いましょう。筆者の経験では、プレゼンテーション資料作りに慣れていない人間が最初に作った資料は、トータルの情報量を半分から3分の1程度にまで削れるものです。

　その時に役立つもう一つのフレーズが、「1スライド、1メッセージ」です。1枚のスライドのメッセージ（そのスライドで伝えたいこと）は一つとすると、聞き手は情報を処理しやすくなるのです。

　プレゼンテーションは、いいたいことを好き勝手にしゃべる場ではなく、相手に自分が望む行動をとってもらうことが目的のはずです。聞き手にとっては、関心が全くないことや、逆によく知っている話を聞かされることほど苦痛な時間はありません。

　相手の立場に立ち、行動を起こすに必要十分な情報をしっかり伝えることに集中することがビジネスにおけるプレゼンの必須条件です。

キーワード
KISS、Less is More、「1スライド、1メッセージ」

問題解決

Chapter2

望ましい状況を
手に入れる

効果的に
問題を解決する

　ビジネスは、極端にいえば、問題あるいは課題との戦いの連続です。適当に仕事をしていて望ましい状況が手に入るなどという虫のいい話はありません。

「問題」といってもいろいろな定義がありますが、広義に問題という場合は、明確なトラブル——顧客からクレームが来た、生産ラインが止まった等——だけを指すわけではありません。

　本来あるべき姿や望んでいる姿と、現状にギャップがある状態も、広い意味でいえば問題がある状態といえます。

　昨年比115％の営業成績が達成できる見込みだったのに、107％に留まっているのも問題がある状態なのです。

　このような問題は、放っておいて解決するものではありません。偶然そうした問題が解決することもありますが、他人任せでは安定的に実績を残すことは難しいでしょう。再現性もありませんから部下の育成にも困ります。

　積極的に問題に取り組むのはもちろん、問題を正しく定義する（What）、改善感度の高いポイントを探る（Where）、その問題の起きた根源的な原因に迫る（Why）、そして適切なアクションを打つ（How）といった一連のプロセスをスピーディかつ効率的に進めていく必要があるのです。

　こうした基本は、説明されれば理解できることではあるの

ですが、多くのビジネスパーソンは知らないものです。ぜひ
本章でご紹介する基本を問題解決の実践の場で活かしてほし
いと思います。

Chapter2 ● 効果的に問題を解決する

Basic

012 適切な問題の設定なくして
効果的な問題解決はない

問題が設定できたら、
解決は容易

解説

　問題解決のプロセスの第一歩は、問題を正しく設定することです。ここを間違ってしまうと、後工程で正確な分析を行ったとしても、問題は解決されません。

　このフレーズは、表面的な意味もさることながら、それ以上に、適切に問題を設定することの難しさを示すものです。問題という言葉は、企業やコンサルティングファームによっては、課題やイシュー、論点と呼ぶ場合もあります。

　問題の設定が難しい例を一つご紹介しましょう。営業部に所属するある若手社員のパフォーマンスが極端に悪かったとします。モチベーションも低く、いつも冴えない顔をしています。これはいったい何が問題なのでしょうか。

　表面的に見れば、彼／彼女の営業担当者としてのパフォーマンスをしかるべきレベルにまで上げることが解決すべき問

題のような気がします。しかし本当にそうでしょうか。

　問題を設定するとは、言い方を変えれば、問題が解決された後の「あるべき姿」を的確に描くことです。そのギャップが解決すべき問題となるからです。このケースでは、はたして彼／彼女が営業のパフォーマンスを上げている状態が、望ましいあるべき姿なのでしょうか。

　別の視点で考えると、以下のような状態もあるべき姿の候補として考えられることがわかります。

・能力を発揮しながら、得意な業務でイキイキ働いている
・部門全体として、目標の営業数字は残している

　この例からもわかるように、問題というものは、立場が変われば変わってしまうのです。これは、関係する人間が増えたりして状況が複雑になるほどいえることです。ビジネスにおいては、万人が納得するような問題の設定はないと思っておく方が現実的かもしれません。

　しかし、だからといって、そこで思考停止してはいけません。少なくとも鍵を握る関係者にとっての納得感が高まるような問題の設定をすることが、結局は「**最大多数の最大幸福**」的な結果をもたらすからです。

キーワード
あるべき姿、ギャップ、最大多数の最大幸福

Chapter2 ● 効果的に問題を解決する

Basic

013

全体を要素にブレークダウンすることで
本質に迫る

分けることはわかること

解説

　適切に問題が設定できたら、次は、どこで問題が発生して
いるか（改善感度の高いポイントはどこか）を突き詰めるた
めに "Where?" の問いを投げかけ、分析を進めます。そして、
さらに "Why?" や "How?" を検討することで、最終的なアク
ションにつなげます。

　この時に大事なのが、漠とした問題をそのまま漠と捉える
のではなく、適切に分解を行い、問題の最も肝となる部分を
特定することです。

「分解」という言葉をよく見ると面白いことに気がつきます。
分という字は「わける」、解という字は「ときほぐす」を意
味します。そして同時に、両方の字には「わかる」という読
み方、意味もあるのです。つまり、古い時代から、分解をす
ることこそが、複雑な事象の本質を理解する上で重要だとい

52

図06 MECE

外側の四角を全体とする

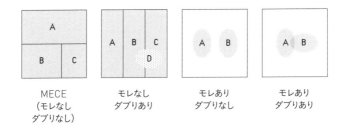

MECE
(モレなし
ダブりなし)

モレなし
ダブりあり

モレあり
ダブりなし

モレあり
ダブりあり

うことを先人たちは知っていたのです。

　分解を効率的に行う際に有効な考え方が **MECE**（Mutually Exclusive, Collectively Exhaustive の略。ミーシーと呼ぶ）です。これは、「**モレなくダブりなく**」（あるいは「**モレなしダブりなし**」）という意味です。

　図6からも想像がつくように、MECEの分解を心がけると、どこに問題の重要ポイントがあるかなどを正確に分析・把握しやすくなります。

　一方で、MECEは概念こそ単純で平易なのですが、いざ何かをMECEで分解してみようとすると、意外に難しいものです。ベンチャー企業が人事制度を新たに作るシーンを考えてみます。人事制度をMECEに分解するとどうなるでしょうか。一例として以下のような分解があるでしょう。

・採用

・勤務

・異動／転勤

・研修／能力開発

・給与

・評価／報酬

　一見、かなりの網羅感はあるように思えます。しかしよくよく見ると、「昇進／昇格」「福利厚生」「退出」などの重要な要素が抜けているのがわかります。これではしっかりとした制度を策定することができませんし、全体のバランスをチェックすることもできません。

　最近では、消費者や住民を「男性／女性」に分けることすら MECE とはいえません。いわゆる LGBT の存在が重みを増してきたからです。

　冒頭にも触れたように、的確に分けることはわかることにつながります。しかし、実はそれは意外に難しいという点は意識してください。

ワンモア・アドバイス

　モレとダブリを比べると、モレを極力減らすことの方が重要です。なぜなら、ダブリは多少業務効率が落ちる程度の影響しかないことが多いのですが、いったん何かを見落としてモレが生じると、それをさらにブレークダウンして検討することができないからです。

　たとえば、BtoB の企業がゼロベースで成長機会を見極めようとして潜在顧客を分析する際に、「企業／公的機関／NPO」と分けてしまい、「個人」を見落としてしまうと、そ

れをさらに深掘りして分解することはできません。その結果、本来可能だったかもしれない BtoC ビジネスの機会を失ってしまうのです。

　モレを防ぐ手っ取り早い方法は「その他」という項目を入れることです。そうすれば理論上、モレはなくなります。しかし、「その他」の比率が数十％にものぼるようなら、それもまた好ましいことではありません。「その他」の項目は、重要な要素はしっかり書き出した後にする方が実務的には有効です。

キーワード
MECE、改善感度、Where?、Why?、How?

Chapter2 ● 効果的に問題を解決する

Basic

014 トヨタ流問題解決の基本

「なぜ?」を
5回繰り返せ

解説

　問題解決において改善感度が高い個所（例：A工場のB
プロセス）が特定できたとしても、なぜその問題が生じてい
るのかを見きわめないと、適切な対応につながりません。
「なぜその問題が生じているのか?」ということをしつこく
5回繰り返し、根源的な原因（真因）を突き止めよというの
がトヨタ式生産システムの生みの親としても著名な大野耐一
氏が残した言葉です。
「なぜ?」を5回繰り返し、真因にたどり着くことができ
れば、「How」も自ずと見えてくるという点にこのフレーズ
の奥の深さがあるとのことです。

　例で考えてみましょう。ある製造ラインの不良品率が高
かったとします。その真因は何でしょうか。

「Cラインの不良品率が高い」

　　↓　なぜ？

「機械Dが時々誤作動を起こしている」

　　↓　なぜ？

「キーパーツである部品Eが摩耗して劣化していた」

　　↓　なぜ？

「点検時に見落とした」

　　↓　なぜ？

「摩耗していたのが目視ではわからなかった」

　　↓　なぜ？

「摩耗する部分が角度的に見づらいから」

　このように問いかけることで、「機械Dを新調しよう」といった対症療法的な対策ではなく、「摩耗を発見しやすいように設計を工夫しよう」あるいは「目視以外の点検もしよう」といった、より本質的で汎用的な対策がとれるのです。

　この方法論は、もともと生産現場の品質管理から生まれたことからもわかるように、因果関係が空間的にも時間的にも近く、わかりやすい場合には特に有効です。

　一方で、因果関係が不明瞭だったり、歴史的な経緯などが複雑に絡んでくると、これだけではなかなか問題解決を効果的に行うことはできない点は意識してください（例：多国間にまたがる紛争など）。

キーワード
トヨタ式生産システム、大野耐一、真因、対症療法、因果関係

Chapter2 ● 効果的に問題を解決する

Basic

015 ビジネスを進化させる、
仮説と検証

仮説と検証を
繰り返せ

解説

　問題解決を進める際に、闇雲にすべての可能性を調べつく
すというやり方は効率的ではありません。

「このあたりに改善感度が高いポイントがありそうだ」「こ
れがより根源的な原因ではないか」と当たりをつけ、それに
ついて検討していくというやり方の方が、実は遅いようで早
く問題解決に結びつきます。

　この「**当たりをつける**」という行為が仮説を立てるという
ことです。仮説とは別の言い方をすれば「仮の答え」です。
仮の答えを想定した上で、その答えが妥当なのかを検証しな
がら前に進めるというのが仮説検証の精神です。

　もしリサーチや実験などによる検証の結果、仮説が裏づけ
られれば、その仮説をベースに問題を深掘りしたり、あるい
は肉づけをすることでより具体的な仮説を構築します。

図07 仮説を進化させる

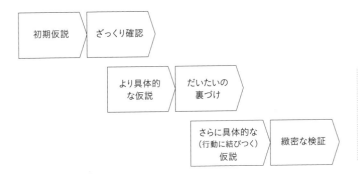

　逆に、検証の結果、仮説が否定されたらその仮説を捨てるか修正し、再度検証を行います。

　仮説検証は、問題解決を生業とするコンサルティングファームでは標準的な思考方法とされています。

　一般企業では、鈴木敏文氏が長年トップとして采配を振るい、超優良企業に育て上げたセブン‐イレブン・ジャパンが仮説検証を組織の基本スキルさらにはDNAとして磨き続け、ライバル企業を圧倒する収益性と成長性を実現しました。
「このようなニーズがあって、このような商品が売れるのではないか」という仮説を、実際のPOSデータなどを用いて超高速で検証リサーチする力がベースとしてあるのです。

キーワード
仮説検証、検証リサーチ、セブン‐イレブン、鈴木敏文

Chapter2 ● 効果的に問題を解決する

Basic

016

時間や経営資源を
有効活用する

クイック＆ダーティ

解説

　どれだけ仮説検証マインドを持っていたとしても、あまり
検証に時間をかけすぎていては、スピードが成功のカギとな
りやすいビジネスシーンでは取り残されてしまいます。

　100％のクオリティを追うよりも、7割から9割方検証さ
れたと確信できたらどんどん先に進めるべきという考え方
が有効となるのです。これが「**クイック＆ダーティ**」（**Quick
and Dirty：多少粗くてもいいから、素早く**）の意味するとこ
ろです。

　私自身も経験があるのですが、仮説の検証という作業は、
ある程度慣れてくると、20－80の法則に沿うようになって
きます。仮に100％のクオリティの検証を行うのに100の
時間や労力を要するとすれば、その20％の時間や労力をか
ければ80％程度のクオリティの検証はできるようになるの

です。

　見方を変えれば、80％のクオリティまで検証できたことを100％のクオリティにまで高めるには、それまでの5倍の時間や労力が必要ということです。

　ビジネスにおける検証は未来のこと（この商品は来年以降、売れるだろう、など）を扱うことが多いため、「絶対こうなる」といったレベルまで検証することは不可能です。100％のクオリティといっても、「こうなる可能性が高いはずだ」とまでしか言いきれません。

　だからこそ、検証のクオリティを上げるよりも、スピードを重視して前に進めることに価値があるのです。

　ベンチャービジネスでは、リーンスタートアップやピボットという言葉が大流行りです。かいつまんでいえば、仮説を早い段階から市場で検証し、必要があればどんどん方向転換するという発想です。

　クイック＆ダーティの精神は、こうした時代の要請ともいえるのです。

キーワード
20-80の法則、リーンスタートアップ、ピボット

Chapter2 効果的に問題を解決する

Basic

017

常識にとらわれず、柔軟に考えれば、
思わぬアイデアが湧く

必ず第三の道がある

解説

　追い詰められた状況では、選択肢を無意識に狭めて考えて
しまうことが多くなるものです。「ハムレット」の有名なセリフ "To be, or not to be, that is the question" も、このような状況に陥った例といえるでしょう。

　冷静に客観的に考えれば眼前に見えている以外の方法論を発見できる場合でも、多くの人間はいったん頭の中に何かしらの枠ができると、その枠を超えて何かを考えることは難しくなるものです。そうした罠に安易に陥ることなく、頭を柔軟にし、全く別の方法論を考えることを推奨するのがこのフレーズです。

「必ず第三の道がある」といったのは作家の故城山三郎氏のようです。同氏はエッセイで、戦国時代の豪商、呂宋助左衛門について触れています。当時は、時の最高権力者であった

豊臣秀吉に睨まれれば、屈服するか、それとも死を選ぶしかない時代でした。事実、千利休は秀吉の勘気に触れ、結果的に自死を選んでいます。

しかし助左衛門は違いました。彼は屈服でも自死でもなく、日本から飛び出すという、当時としてはまさに常識の枠外、英語の表現を借りれば "Out of box" の第三の道を見出したのです。

この事例からもわかるように、第三の道を見出す有効な方法は、常識や自分が暗黙に置いている前提を疑うことです。

たとえばブライダル関連企業で新規事業を考えている人間であれば、結婚式の常識である下記の前提を疑ってみると、新しいビジネスチャンスを発見できるかもしれません。みなさんもぜひ考えてみてください。

・新郎新婦は一緒にいなくてはいけない
・式場に皆が集まらないといけない
・新婚時代に行うものである
・海外の挙式は費用がかさむ
・費用は主催者と参加者が負担するものだ

キーワード
常識を疑う、暗黙の前提、Out of box

経営戦略

Chapter3

よき戦略なくして
長期的な繁栄はない

競争を乗り越え、
企業を成長させる

　企業の目的は、突きつめれば社会に価値を提供しながら繁栄を続けることです。株式を公開している企業であれば、さらに企業価値の最大化を追い求めるという条件がつくでしょう。

　これは、言葉にすると簡単ではありますが、実現するのは容易ではありません。

　かつて国内最大の小売業者となったダイエーは、経営環境が変わる中で有効な施策を講じることができず、売却され、ついには名称も消えてしまいました。

　アメリカでは一時期フィルムのシェアの90％を押さえ、圧倒的なポジションと高い収益性を実現していたコダックも、デジタル化の波に対応できず、ついに連邦破産法11条の適用申請を行うことになってしまいました。

　ベンチャー企業はもちろん、大企業ですら、進むべき方向性やとるべき施策を誤ってしまうと市場から退出せざるを得ないのが経営の難しさです。

　特に近年は、ITの進化やグローバル化が急激に進むなど、経営環境の変化のスピードはますます上がっています。世界を相手に戦う必要性が増したことから、それまでとは次元の違う競争を強いられることも増えてきています。

　こうした中でカギとなるのは、やはり正しい戦略です。経

営環境をしっかり見据えて、効果的な戦略を描き、それを適切に実行し続けられる企業だけが勝ち組となれるのです。

　よい戦略を構想するのはなかなか容易なことではありません。それでもいくつかのポイントを意識するだけでも、戦略の有効性は大きく変わってきます。

Chapter3 ● 競争を乗り越え、企業を成長させる

Basic

018
大局的なグランドデザインと、
局地戦での強さを併せ持つ

戦術のない戦略では
勝利への道のりは遠い。
戦略のない戦術は
敗北前の騒音である

解説

　マクロ視点での戦略（Strategy）と、ミクロ視点での戦術
（Tactics）の両方をバランスよく実現することの必要性を説
いたのがこの言葉です。原典は紀元前の中国の武将、孫子に
さかのぼるとされています。

「戦略」も「戦術」も、もともとは戦争用語でした。それが
20世紀になってビジネスにも援用され、経営戦略と呼ばれ

図08 戦略と戦術

「戦略」	「戦術」
・大局的 ・目的、方針 ・時間軸長い…	・局所的 ・手段 ・時間軸短い…

るようになったのです。

　では、戦術だけはしっかりしていて、戦略がプアな企業があったらどうなるでしょうか。

　おそらく、部分最適になるだけで、企業としてのトータルの競争力は得られないでしょう。ベクトルがバラバラで経営資源も浪費してしまいますから、長期的に勝つことはできないはずです。

　逆に、グランドデザインとしての戦略だけは立派だけど、局地戦での戦い方を現場任せにしたり、実際に弱かったらどうなるでしょうか。経営資源の浪費は避けられるかもしれませんが、これでもまた戦いには勝てません。

「戦略は実行」という言葉もあります。まずは経営資源を有効活用して勝ち残れる戦略（グランドデザイン）を描きながらも、実行面でも局地戦に勝てる施策をしっかり打つことが必要なのです。

　言い換えれば、トップの戦略が正しく組織に共有され、皆が戦略的に考えれば、自ずとミクロでの戦術も磨かれていくのです。

　ただし、現場の戦術がいいから戦略もよくなる、ということはありません。戦略と戦術の両方が大事なのは間違いありませんが、まずは有効な戦略をしっかり考えることがやはり大事なのです。

キーワード
孫子、部分最適、戦略は実行

Chapter3 競争を乗り越え、企業を成長させる

Basic

019

限りある経営資源を
有効に用いる

大事なのは、
何をするかではなく、
何をしないかである

解説

　戦略というと、新規事業として何をやるかという成長戦略
を想起される方も多いでしょう。これはまさに「何をするか」
という議論です。しかし、それ以上に大事なのは、「ここか
ら先のことはしない」と明確に決めることです。経営戦略論
の大家であるマイケル・ポーター教授の言葉です。

　なぜ「ここから先のことはしない」という意思決定が必要
かといえば、経営資源──ヒト、モノ、カネ、情報、ネット
ワーク──には限りがあるからです。

　たとえばグロービスは、教育ビジネスに関しては、現時点
では経営学の教育に特化しています。マーケティングやクラ
スオペレーションのノウハウなどはありますし、英語や中国
語を母語とするスタッフも多くいますから、英会話教室や中
国会話教室を開くことも可能です。

ただし、「その気になればできる」ということと、「現実にその事業で勝てる」ということは別です。一部のノウハウは転用できても、外国語会話教育のビジネスを始めるとなると、それまでにはないノウハウを獲得しなくてはなりませんし、新しい人材の採用も必要です。

既存事業から経営資源を融通する必要も出るでしょうから、既存事業の経営資源が足りなくなる可能性もあります。こうした理由もあって、現時点で、外国語会話教育ビジネスには手を出さないのです。

この「何をしないかを決める」ということに関しては、日本企業は苦手としてきました。いまでこそ「選択と集中」という言葉が浸透してきましたが、日本企業の事業再編は中途半端であり、本来やるべきでない事業を抱えすぎであるという研究もあります。

また、事業再編をしたとしても、それまでに時間がかかりすぎるという指摘もなされています。

人口減に転じた日本という国の状況に鑑みると、このような経営を続けていれば、ますます国際的な競争力は落ちていくでしょう。あらためて**「何をしないかを明確に決める」**ことが求められているのです。

キーワード
マイケル・ポーター、選択と集中、事業再編

Chapter3 ● 競争を乗り越え、企業を成長させる

Basic

020

正面衝突は
往々にして消耗戦となる

競争するのは
最悪の戦略

解説

　経営資源を無駄遣いせずに繁栄するには、競争をうまく
避けることができないかを検討することが重要です。本
Chapter の導入文のタイトルを「競争に勝ち」ではなく「競
争を乗り越え」としたのも、そうした側面があるからです。
「戦略」という単語を分解すると「戦を略す」となります。
この言葉が生まれたのは孫子の時代ですが、すでにその頃か
ら、何らかの方法で真っ向勝負を避ける方が、好ましい結果
をもたらすと考えられていたのです。

　真っ向勝負が企業の収益性を削いだ例に、ヤマダ電機が主
導した家電量販店業界における価格競争があります。

　家電量販店の場合、製品そのもので差別化するのは難しい
ですから、もともと価格競争に走りやすい素地があります。
さすがにこの1年くらいはヤマダ電機自らが行きすぎた価

格競争を自制したため、過当競争は収まりつつありますが、数年間の消耗戦は、家電量販店のみならず、メーカーの経営にも大きなダメージを与えました。

では、具体的にはどのようなやり方で真っ向勝負を避ければいいのでしょうか。

1. 市場の棲み分け

俗にいうニッチ戦略です。つまり、ある市場に特化し、そこで局所的ナンバーワン、可能であれば局所的オンリーワンを目指すことで、競争力を維持するのです。

2. 差別化

ライバルがAというポイントを訴求するのであれば、自社はBという別のポイントを訴求するのです。「顧客の頭の中で棲み分けをする」ともいえます。

3.「ゲームのルール」を根源から変える

これは簡単ではありませんが、成功した暁には非常に大きなリターンがもたらされることもあるので、可能ならば検討したいものです(Basic23参照)。

いずれにせよ、**「勝てる戦を戦う」**という発想が大事なのです。

キーワード
市場の棲み分け、差別化、ゲームのルール、勝てる戦

Chapter3 ● 競争を乗り越え、企業を成長させる

Basic

021

市場選択は、その中での戦い方よりも
重要な場合が多い

魅力的でない
市場で稼ぐのは
難しい

解説

　儲けることが難しい業界で頑張っても、なかなか利益は上がりません。逆に、誰もが儲けやすい業界であれば、それほど頑張らなくても一定の利益はついてきます。

　参入する市場や業界（Where）を慎重に選ぶことが、どう戦うか（How）よりも大事なことが多いのです。

　儲けにくい業界の例としてはパソコンのアセンブル業界があります。

　この業界は CPU に代表されるパーツさえ入手できれば、誰でも簡単に組み立てを行うことができます。また、最終製品自体で差別化することは難しいため、高価格を実現することも容易ではありません。近年では、スマートフォンに押されて市場が停滞気味という悪条件もあります。

　IBM 互換機を生み出した老舗の IBM ですら、かなり前に

この事業からは撤退しましたし、ソニーも 2014 年に「VAIO」から手を引いています。残っている有名メーカーも低い利益率に甘んじています。

逆に儲けやすい業界としては製薬業界があります。規制も強く、開発投資が巨大なため、誰もが入ってこられるわけではないからです。

また、高齢化が進んでおり、市場の見通しも悪くありません。いったん開発に成功したら、原価はほとんどタダ同然ということもありますし、景気変動にも強く、業界中位でも、パソコンのアセンブル事業に比べれば、ずっと高い利益率を享受できるのです。

ワンモア・アドバイス

具体的に業界の魅力度を知るには最低でも以下の3つのポイントを押さえます。

・**市場規模**
・**成長性**
・**儲けやすさ**

最後の儲けやすさは、マイケル・ポーター教授の「5つの力分析」を用いると判断しやすくなります。
「買い手の交渉力」「売り手の交渉力」「業界内の競争」「新規参入の脅威」「代替品の脅威」の5つの要素を見ることで、その業界に利益が蓄積されやすいか否かが判断できるのです。

キーワード
市場規模、成長性、5つの力

Chapter3　競争を乗り越え、企業を成長させる

Basic

022　レッドオーシャンは避けよ

成長分野は
混雑分野

解説

　市場の魅力度の要素として、市場規模が大きかったり、高い成長率が見込まれたりするということは非常に重要なことです。しかし、そこには大きな罠が潜んでいます。皆がその市場に殺到し、あっという間にレッドオーシャン（血の海）になってしまうということです。

　そうなると、その市場はしばしば「儲けにくい市場」へと変化してしまいます。特にライバル製品との差別化が難しい場合は、価格や物量でしか差がつかなくなってしまいます。安易にそうした市場に参入して消耗戦に陥らないように注意せよ、というのがこのフレーズの説くところです。

　たとえば、Android向けのスマートフォンはここ数年高い成長率を維持してきましたが、トップのサムスンですら収益性を落とすなど、急激にレッドオーシャン化が進んでいます。

とはいえ、多くの企業は「成長率の高い市場」に弱いものです。参入障壁が低かったり、自社の経営資源を活用できたりすると、「まずは参入してみよう」ということになりがちです。

こうした罠を避ける上で有効なのが、**「市場の魅力度×競争優位構築の可能性」マトリクスによる確認**です。

これは新規事業の機会を評価する際に、市場の魅力度だけではなく、その市場で中期的に勝てる見込みをあわせて検討するものです。成長市場ほどライバルが多く、勝ちにくくなるというビジネスの基本は押さえておきたいものです。

ワンモア・アドバイス

こうしたレッドオーシャンでの消耗戦を避けるべく提案された戦略がブルーオーシャン戦略です。ブルーオーシャン戦略では、競争のない市場を発見し、切り拓くことを主眼とします。その際、差別化の軸を打ち出したり、新しい差別化の組み合わせを考案するなどして独自性を打ち出すとともに、低コストを追求することが成功への近道とされています。Basic20でも紹介した「戦を避ける」という発想をまさに実現するものといえるでしょう。

髪のカットに絞り込み1000円という低価格を実現したQBハウス（キュービーネット）はその代表例です。

キーワード
レッドオーシャン、ブルーオーシャン戦略、市場の魅力度×競争優位構築の可能性
マトリクス

Chapter3 ● 競争を乗り越え、企業を成長させる

Basic

023

ルールメーカーが
最も高い利益を享受できる

ゲームの
ルールを作れ

解説

　戦略論では、何をすれば勝てるかということを「ゲームの
ルール」という言葉を使って表現することがあります。その
ルールを自分の都合がいいように最初に作ったり、先行者が
いる場合には作り変える（ゲームチェンジャーになる）こと
が、効率よく勝つことにつながるのです。

　たとえば腕時計の製造販売というビジネスは、1980年頃
までは「時間の正確さ」とそれをコストパフォーマンス高く
実現する技術開発こそが勝つためのゲームのルールであり、
KSF（Key Success Factors：成功のカギ）でした。

　その覇者は日本のセイコーです。同社は、クオーツの軽量
化などを突きつめることで、市場でナンバー1となったの
です。

　しかしセイコーの天下は長く続きません。

「ファッション性」や「気分に合わせて色違いのものを着ける」という新しいゲームのルールがスウォッチによって持ちこまれたからです。時間の正確さはもはや重要な要素ではなくなり、オシャレであることや、低価格にしてたくさん買えるようにすることがより重要となったのです。

　パソコン業界では、マイクロソフトがMS-DOS（Windows以前のOS）をIBM互換機（モジュラー構造のPC）の標準OSとし、かつソフトハウスがそれを前提にアプリケーション開発をせざるをえないようにゲームのルールを作ったことで、業界で圧倒的なポジションを築くにいたりました。

ワンモア・アドバイス

　ゲームのルールを変えたり作ったりということに関しては、日本人は苦手といわれています。スポーツの分野でも、特に欧米諸国は、自分たちが勝ちやすいようにルール変更を行う傾向があります。

　80年代から90年前後にF1界を席巻しながら欧州主導のルール変更に苦しめられたホンダや、「JUDO」のルール変更に悩まされている日本の柔道界などにそうした日本人の弱点が見てとれます。

　いかにゲームのルールを自分たちの有利なように作るかということは、日本人、日本企業に課せられた重大な課題なのです。

キーワード
ゲームチェンジャー、KSF

Chapter3 ◉ 競争を乗り越え、企業を成長させる

Basic

024
大勝ちするには
あえてトレードオフを打破すべし

ORではなく
ANDを目指せ

解説

　物事には通常「あちら立てればこちら立たず」のトレードオフが存在するものです。たとえば品質と短納期は通常はなかなか両立させることができません。

　戦略論では、マイケル・ポーター教授が提唱したコストリーダーシップ戦略（低コストで勝つ戦略）と差別化戦略（顧客に価値を認めさせて高価格を実現する戦略）も、彼にいわせればトレードオフの関係にあり、どちらかに明確に軸足を置く方がいいとされています。

　つまり、コストを安くしつつも高価格を実現するのは難しいということです。

　これに異を唱えるのが経営学者のゲーリー・ハメルの冒頭の言葉です。彼は安易なトレードオフで妥協するのではなく、あえてトレードオフを打破するようなアイデアを出し、両者

を高次元で実現すべきと説きました。

　これは確かに難しいことではありますが、実際に両立している企業も存在します。

　トヨタ自動車は、規模の経済性やリーン生産によって低コストを実現しながらも、安全性や燃費、サービスなどで競合他社を上回る価値を提供しています。

　サムスンのDRAMもそうです。規模による圧倒的な低コストを実現しつつも、開発に多大なR&Dを投資することで新世代製品をいち早く市場導入してプレミアム価格を享受し、高い平均売価を実現しています。

　トヨタもサムスンも、「AND」を満たしたからこそ、その業界で圧倒的なポジションを築いたということです。

図09 「OR」の発想から「AND」の発想へ

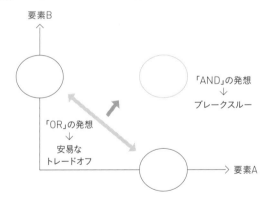

キーワード
トレードオフ、コストリーダーシップ戦略、差別化戦略、ゲーリー・ハメル、ブレークスルー

Chapter3　　競争を乗り越え、企業を成長させる

Basic

025　人真似には限界がある

ベストプラクティスに
解はない

解説

　ベストプラクティスとは、結果を得るのに最も効率のよい
手法やプロセス、活動などを指します。通常は、他社研究か
ら導かれます。関連する言葉にベンチマーキングがあります。
これも、他社の優良事例などから参考にできる点を学び、自
社の活動に取り入れようとするものです。

　ベストプラクティスやベンチマークは多くの企業で用いら
れ、実際に成果も残しています。

　しかし、安易にそれに頼っていては人真似になってしまい、
エッジの立った提供価値や、ユニークなビジネスモデルには
結びつきません。

　それが「ベストプラクティスに解はない」ということです。
これは、ベストプラクティスの以下の弱点に起因します。

1．未来志向ではない

　どれだけすぐれたベストプラクティスも、所詮は過去の方法論です。安易にベストプラクティスに頼ることは、なまじ短期的な結果がともなうがゆえに、未来の変化に対する感性を弱め、組織から考える力を奪ってしまいかねないのです。

2．自社の強みを弱める可能性がある

　どのような企業にも、その会社独自の強みがあります。それは、目に見えやすい工場などの有形資産だけではなく、「見えざる資産」も含みます。見えざる資産は伊丹敬之らが提唱した考え方で、ノウハウや顧客情報の蓄積、ブランド、プロセスなどが該当します。また、それと連動した組織文化や行動規範なども含まれてきます。

　安易に他社のやり方を模倣することは、こうした本来の強みと不整合を起こしたり、自社の強みを活用することへの執念を失わせる結果、それを弱体化させかねないのです。

　ここで伝えたいのは、ベストプラクティスが全く役に立たないということではありません。些細な手順や方法論に関しては、ベストプラクティスの活用は非常に有効です。

　ただ、ベストプラクティスからは、未来を勝ち抜くための骨太の戦略やビジネスモデルは決して生まれません。自社の文脈を正しく理解した上で、未来を意識し、自社ならではの「解」を粘り強く模索することこそが重要なのです。

キーワード
ベンチマーク、伊丹敬之、見えざる資産、自社の強み

Chapter3 ● 競争を乗り越え、企業を成長させる

Basic

026

実行したくなるような戦略でなくては、
実行されない

戦略は外に対して
正しいだけではなく、
内に対しても
正しい必要がある

解説

　戦略は、紙に書けばそれが勝手に実現するというものでは
ありません。それを実行するのは従業員です。従業員の多く
が、「この戦略は実行したくない」と考えるなら、その戦略
は実行されることはないでしょう。

　つまり戦略とは、対外的な視点（市場・顧客や対競合など）
からも有効であるだけではなく、社内的な視点（従業員のス
キルややる気など）からも実現可能なものでなくてはならな
いのです。

　外に対してはある程度適切だった戦略が社内の抵抗で実現
されなかった例に、ある資源メーカーの工場跡地を活用した
スパ（温泉）事業があります。

　スパ事業は確かにこの会社にとっては飛び地的なビジネス
ではありますが、いわゆる分散型事業であり、適切な施策を

うって稼働率さえ高めれば十分に儲けが期待できる事業でした。運営ノウハウなどは、ヘッドハント等によって得ることも可能です。

しかし、かつては日本の産業を支えてきたという自負が強く、「いいものを作って売ることこそが存在価値」というメンタリティの強いメーカーにとっては、そうしたサービス業を展開することへの抵抗感は強く、結局は計画途中で頓挫してしまったのです。

従業員にとっても、「できる」「やりたい」と思えるようなビジョンなり戦略を描くことが求められるのです。

ワンモア・アドバイス

実際に社内を動かすためには、以下の3点を強く意識する必要があります。

1. 「知らない」を「知っている」という状態にする
   戦略を周知徹底する。
2. 「できない」を「できる」状態にする
   能力開発、外部からの人材獲得を行う。また物理的な障害を取り除く。
3. 「やりたくない」を「やりたい」という状態にする
   「やった方が得だ」ということを説得する。また、適切なインセンティブを与える。さらに、抵抗勢力を懐柔、排除し、反対派を減らす。

キーワード
能力開発、インセンティブ、抵抗勢力

Chapter3 ● 競争を乗り越え、企業を成長させる

Basic

027 つねに変わり続ける意識こそが、
持続的繁栄の最大の鍵

強いから
生き残るのではない。
適応するから
生き残るのだ

解説

　この言葉は、ダーウィンの進化論を意識しています。単純
な「強さ」というだけであれば、中生代の恐竜は非常に強い
動物でした。しかし、彼らは急激な気候変動などに対応する
ことができず、きわめて短い時間で絶滅していきました。

　一方、ゴキブリは「弱い」動物ではありますが、3億年前
から生息しています。とにもかくにもあらゆる環境変化に適
応しながら進化し、現代にまで生き残ってきたのです。

　企業も、どれだけ規模が大きく、一次的な競争優位性を築
いたとしても、環境に適応できなければ滅んでしまいます。
米国のビデオ・DVDレンタルチェーンとして最大規模を誇っ
たブロックバスターは、オンラインDVDレンタル、さらに
はストリーミング配信にビジネスモデルを進化させたネット
フリックスのような企業の登場にともない、その店舗網はほ

とんど無価値化し、破産してしまいました。

　近年の研究によれば、企業がある事業において競争優位を持続できる期間は、一般に思われている以上に短いことが示唆されています。

　つまり、いまは圧倒的なポジションを占めていたとしても、環境に適応できなければ、市場での存在感を失ってしまうのです。

　こうした中、**変化こそが常態**であり、つねに環境変化に合わせて（あるいは先んじて）変化するということを愚直に実行できる企業こそがあるべき姿だと見なされるようになってきたのです。

　それを実行しようとしているのがゼネラル・エレクトリック（GE）です。

　同社はもともとM&Aで大きくなった会社ですが、最近になってプラスチック部門、放送部門（NBC）、金融部門（GEキャピタル）といった主要事業を次々に売却し、事業ポートフォリオをインフラ事業中心に激変させました。

　同時に、IT（特にIoT）を戦略の核に据え、人々のスキルや行動規範なども徹底的に変えることに挑戦しています。数十兆円の企業価値を誇る大企業としては、きわめて大胆な取り組みといえるでしょう。日本企業にとっても大いに参考になるはずです。

キーワード
進化、GE、事業ポートフォリオ、変化の常態化

Chapter3 ● 競争を乗り越え、企業を成長させる

Basic

028
自社のビジネスを脅かす真の競合は
誰かを理解する

すぐれた経営が、
大企業を
衰退させる要因である

解説

　厳密にいえば、すぐれた経営をしている大企業がすべて衰
退するわけではありません。

　いくつかの大企業が衰退した理由を探ったところ、その原
因は不適切な経営ではなく、むしろ愚直に顧客の期待に応え
ようと努力していたことこそが、企業衰退の原因だったとい
うのがこの言葉の意味合いです。驚くべき逆説といえるで
しょう。

　この言葉は、クレイトン・クリステンセン教授が著書『イ
ノベーションのジレンマ』において書き記したものです。イ
ノベーションのジレンマとは、大企業が新しいイノベーショ
ンに対抗しきれずに市場を奪われる状況で、オフィスコン
ピュータの市場がパソコンに奪われた例などが典型的です。

　それが起こるメカニズムは以下のようになります。

図10 イノベーションのジレンマ

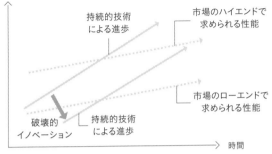

出所：クレイトン・クリステンセン『イノベーションのジレンマ』(翔泳社)に加筆修正

1. 優良顧客に対するフォーカスと破壊的技術の登場

　優良企業は、顧客、特に先進的な顧客の意見に耳を傾け、彼らが求める製品やサービスを開発・提供し、そのサービスを改良するために新技術に積極的に投資します。それにより、優良企業は成長します。

　一方で、時としてローエンドの破壊的技術が現れてきます。通常、コストは安いものの、性能に劣る技術です。

2. 破壊的技術に対する低評価とその浸食

　主流顧客は、性能の高い技術を評価しますから、破壊的技術を当初は無視します。彼らを相手にする優良企業も同様です。破壊的技術は通常、当初は利益率も低く、優良企業にとってその技術を採用する動機はないからです。

　しかし、そうした技術を好むローエンド顧客は一定数いるため、徐々に一定の地位を占めるようになります。

3. 気がついたら……

　技術進歩のペースは、顧客が求める性能向上のペースを上回ることが多いものです。その結果、優良顧客むけの技術はオーバースペックになってしまいます。

　一方、破壊的技術は主流市場の中心に躍り出、競争力やシェアを持つようになります。既存の技術進化で成長してきた優良企業が破壊的技術の脅威に気づいた頃には、すでに手遅れになっているのです。

　企業が重要な顧客のニーズに応えることは非常に大事なことです。たゆまぬ研究投資も通常は推奨されることです。

　しかし、そうした取り組みに没頭するあまり、潜在的な脅威を見落としてしまう罠を避けることが、クリステンセンの言葉の真意です。

> ### ワンモア・アドバイス
>
> 　しばしば「産業消滅」とでもいうべき事態が起こります。そうした事例を観察してみると、顧客の根源的なニーズが消えたというケースはまれで、多くの場合は、本項で紹介した破壊的イノベーションを含む、予期せぬ代替品に市場を破壊されたということがほとんどです。
>
> 　たとえば、人々の音楽を聞きたいというニーズそのものは消えることないでしょう。しかし、そのメディアがレコードである必要はありません。事実、技術進化にともなってレコードはほぼ消え、CD、ファイルダウンロード、そしてストリーミングへと形態を変えてきました。
>
> 　そしてそれと連動して、レコードプレーヤーやレコード針

などの市場も、一部のマニア向けを除けば、ほぼ消滅してしまったのです。

　一般に企業は、目の前のライバルはもちろん、新規参入してくる同業者には注意を払うものです。しかしそれ以上に怖いのは、代替品、つまり、顧客の同じニーズを満たす、形態の違う製品・サービスであることは意識しておくべきでしょう。

キーワード
クレイトン・クリステンセン、イノベーションのジレンマ、破壊的イノベーション、オーバースペック、代替品、産業消滅

Chapter3 ● 競争を乗り越え、企業を成長させる

Basic

029

模倣困難であることが
優位性の持続には有効

真似できないものを
持っているか否かが
重要だ

解説

　保有している経営資源が勝っているために競争上優位に立
てるというケースは少なくありません。その中でも、競合が
容易に模倣できない、価値ある経営資源（ヒト、モノ、カネ、
ノウハウ、ネットワークなど）を持つことが特に重要です。

　たとえば、清涼飲料ビジネスにおいては、自動販売機の数
とその置かれた立地のよさが競争力にダイレクトに影響しま
す。これは、「飲みたい時が買いたい時」という商材の特性と、
自動販売機での購入が30％を超えるという日本人の購買特
性によるものです。

　日本では、90万台に近い圧倒的な自動販売機数を誇って
きた日本コカ・コーラが、清涼飲料業界では長年不動の1
位の座を占めてきました。

もしライバルが容易に自動販売機を増やすことができるのであれば、この優位性は長続きしないはずです。

しかし実際には、サントリー食品がJTの26万台の自販機網を買収するのに総額1500億円を要したことからもわかるように（厳密には「桃の天然水」などのブランド買収額も含まれます）、自販機の台数はそう簡単に増やせるものではありません。だからこそ、日本コカ・コーラの天下が続いてきたのです。

模倣が難しくなるケースにはさまざまなものがあります。上記の例は、巨額ではあるものの、お金で買えるものでした。特定の商品ブランドなどもその例です。

一方で、お金で買うことも難しく、容易には模倣できないものとして、下記のようなものがあります。これは、資源ベースの競争論（RBV：リソース・ベースド・ビュー）の中心人物であるジェイ・B・バーニー教授が提唱したものです。

1. 独自の歴史的な条件
   例：日本郵政やかんぽの持つ経営資源、ネットワークは、総務省（旧郵政省）の政策による部分が大きく、競合は簡単にはそれを真似できません。

2. 因果関係のわかりにくさ
   例：日本の製造業の強みである擦り合わせの技術（パーツと機能が一対一対応しておらず、細かな調整が必要な技術）などは、因果関係が外からはわかりにくいため、模倣は容易ではありません。

3. 組織面の複雑さ

例：家電製品などは、リバースエンジニアリングでかなり詳細な分析ができますが、それを生み出した組織の文化・風土や、サプライヤーや顧客とのやり取りなどは、複雑でわかりにくく、真似しにくくなります。

こうした事例からもわかるように、ハード（モノ）そのものに比べ、組織やノウハウといったソフトな部分の方が、通常は模倣が難しいとされています。

そのほかにも、戦略論ではあまり前面に出しては語られませんが、カリスマ的なリーダーや立地なども競合が真似しにくい要素といえます。

前者についていえば、たとえば2000年代のアップルの強さは、スティーブ・ジョブズ抜きには語れません。京セラの長年にわたる繁栄もやはり稲盛和夫氏あってこそといえるでしょう。

後者の立地については、たまたま歴史的な偶然で好立地を手にいれることができたというケースも多いものです。

たとえば青山学院大学は、若者の大好きな街である渋谷に隣接していることから、学生集めなどで大きなアドバンテージを持っています。渋谷と表参道の間にある広々とした好立地をいまから他の大学が手に入れることは現実的にほぼ不可能であり、模倣困難性もきわめて高くなっているのです。

ワンモア・アドバイス

　資源ベースの競争論は、シンプルにいえば、いい経営資源を持っている方が勝ちやすいという考え方です。これに対し、本章でも何回も登場するマイケル・ポーター教授らは、魅力的な市場を選び、そこでいい位置取り（ポジショニング）を実現できれば勝てると考えます。

　これは、どちらか一方だけが正しいわけではなく、お互いに補完し合っていると考えてください。言い換えると、いい資源を持ち、かつ市場でいい位置取りができれば、企業の競争優位性は格段に実現されやすくなるのです。直観的にも理解しやすい考え方といえるでしょう。

キーワード
模倣困難性、資源ベースの競争論（RBV）、ジェイ・B・バーニー、ポジショニング、スティーブ・ジョブズ、稲盛和夫

Chapter3 ● 競争を乗り越え、企業を成長させる

Basic

030 社会への価値提供が、
21世紀の競争優位につながる

CSVこそが
競争優位に
つながる

解説

　マイケル・ポーター教授は、近年、企業の社会への貢献が
競争優位性を築く上でも非常に重要になってきたと述べてい
ます。ポイントは、それはかつてのCSR（Corporate Social
Responsibility：企業の社会的責任）とは異なり、より能動
的な **CSV（Creating Shared Value：共通価値の実現）** でな
くてはならないという点です。

　企業の社会的責任（CSR）が話題になってすでに長い時間
が経ちますが、慈善活動や寄付といった、従来型のCSR活
動は、実は貧困や環境保護といった社会的課題の解決にあま
り貢献しません。企業の本来の活動と切り離された活動では、
企業にとっても結局は身が入らず、効果が小さいからです。

　企業活動そのものが共通価値（社会の経済条件や社会状況
を改善しながら競争力を高める方針とその実行）の原則に

図11 CSRからCSVへ

CSR	CSV
・価値は「善行」	・価値はコストと比較した経済的便益と社会的便益
・シチズンシップ、フィランソロピー、持続可能性	・企業と地域社会が共同で価値を創出
・任意、あるいは外圧によって	・競争に不可欠
・利益の最大化とは別物	・利益の最大化に不可欠
・テーマは、外部の報告書や個人の嗜好によって決まる	・テーマは企業ごとに異なり、内発的である
・企業の業績やCSR予算の制限を受ける	・企業の予算全体を再編成する
・たとえば、フェア・トレードで購入する	・たとえば、調達方法を変えることで品質と収穫量を向上させる

出所:マイケル・ポーター他「共通価値の戦略」『DIAMONDハーバード・ビジネス・レビュー』
2011年6月号より抜粋

則ってなされるべきであるという点が重要なポイントです。これにより、企業は、自分らしさを出しながら、環境面や社会面での持続可能性（サステナビリティ）に貢献し、社会とWin-Winの関係性を作ることができるのです。

　具体的には、以下のような方法論があります。

1. 製品と市場を見直す
2. 自社のバリューチェーンの生産性を再定義する
3. 企業が拠点を置く地域を支援する産業クラスターを作る

　この分野に関しては欧米のグローバル企業がやや先行しています。日本企業ならではの、自社の強みを活かしたCSVの実現が期待されます。

キーワード
CSV、CSR、共通価値、持続可能性（サステナビリティ）

Chapter3 ● 競争を乗り越え、企業を成長させる

Basic

031 細かなディテールにも気を配ってこそ
戦略は実を結ぶ

神は細部に宿る

解説

　日本の諺に「一事が万事」というものがあります。わずか一つの事柄から、他のすべてのことを推し量ることができるといった意味合いです。

　戦略の実行も同様です。どれだけ入念に検討されたいい戦略であっても、いざ実行の段階で、細部のどこかに問題があると、そこから綻びが拡大し、その戦略の効果が削がれることがあります。たとえば以下のようなケースです。

1. 戦術への落とし込みが甘い

　Basic18 でも触れたように、戦略は最終的には局地戦である戦術に落とし込まれます。その戦術が全く練られていなかったり、大きな考えもれがあったり、各施策間に整合性がなければ、戦略は効果を発揮しません。

とはいえ、最初から細部を詰めきることは現実には難しいでしょうから、通常は、走りながら考えるということが多いはずです。

その際に、関係者がしっかりコミュニケーションをとりつつ、素早くPDCAのサイクルを回し、現場で適切にアクションがとられるような体制を作ることが大事です。会議体の設定やKPI（Key Performance Indicator：重要業績指標）の設定・測定など、カギとなるポイントについては、問題が起こる前にしっかり考えておく必要があります。

2. 感情への配慮が甘い

人間はロジックでは動きません。通常は、まず感情で判断をし、その後に論理的な理由づけをするものです（Basic10参照）。したがって関係者、特に戦略実行にあたってのキーパーソンへのきめ細かな配慮が必要になります。

その部分で機嫌を損ねてしまうと、一気に戦略実行へのエネルギーが失われてしまうことになります。

ここでもポイントはコミュニケーションです。人間は、しばしば他人を「機能」として見てしまう悪癖があります。しかし人間には感情があります。

それを念頭に置いた上で、彼らのプライドやモチベーションなどに配慮し、適切なコミュニケーションを行うことが必要なのです。

キーワード
PDCA、KPI、コミュニケーション、会議体

Chapter 4

マーケティング

効果的にキャッシュを得る

効果的にキャッシュを
得るための生命線

　大企業に勤めている方などは、給料日に給料が振り込まれるのは当然と考えているかもしれません。

　では、その源泉となるキャッシュはどこからもたらされているでしょうか。一部のベンチャー企業などでは、ベンチャーキャピタルなどからの投資が充てられることもあるかもしれませんが、それは例外中の例外です。

　基本的に、企業がキャッシュを得る主たる源は売上です。その売上が誰によってもたらされるかといえば、顧客です。つまり、顧客があなたの会社の製品・サービスを選び、購入してくれなければ、企業にキャッシュは入ってこなくなるのです。そうなれば、設備投資や技術開発のための先行投資などもできなくなりますし、最悪、給料日に給料が支払われないという状況が生まれます。

　そうならないようにするためには、企業が売上を上げ続けるような体制を作る必要があります。そのための中心的な活動こそがマーケティングです。

　グロービスでは、マーケティングを「**顧客に買ってもらえる仕組み**」と定義しています。これがしっかりなされているからこそ、企業は安定して売上を上げ、キャッシュを得ることができるのです。

　消費財分野のリーディングカンパニーの一つ、プロクター

＆ギャンブル（P&G）では、まさにマーケティング活動を企業活動の中心に据えています。

　マーケティング部門で徹底的に鍛えられた人間が結果的にマネジメント層となり、さらにキャッシュ創出力の高い企業作りを担っていくのです。これはネスレなど、グローバルマーケティングに強い企業でも同様です。

　そうした人材は社内で活躍するだけではなく、他企業からも引っ張りだこです。

　それだけマーケティングは企業の生命線を握る活動であり、だからこそマーケティングに長けた人材は、将来的なマネジメント候補にもなりやすいのです。

Chapter4 ● 効果的にキャッシュを得るための生命線

Basic

032

「買ってもらえる仕組み」があれば
強引な営業は不要

マーケティングの目的は
セリングの必要を
なくすこと

解説

　この言葉は、経営に関してさまざまな洞察を残したピーター・ドラッカーによるものです。ここでいうセリングは、強引な営業、つまり顧客に無理をして売りつけるような営業と考えてください。

　つまり、「買ってもらえる仕組み」であるマーケティングが正しく機能していれば、無理に強引な販売を行わなくても、顧客は企業にキャッシュをもたらしてくれるといった意味合いです。

　では、具体的にどのようなことを考えればいいのでしょうか。ポイントは大きく二つあります。

1. 顧客起点の思考を行う

　具体的な方法論を知る前に押さえておきたいのが、マーケ

ティングの原点は顧客であるという考え方そのものです。

つねに顧客を起点にし、

・誰が買ってくれそうなのか
・彼らのニーズは何なのか
・彼らはどのような方法で買いたいのか
・何をすれば顧客は満足してくれるのか

など、顧客に思いをはせることが基本です。

この思考パターン抜きに表面的なテクニック、たとえば広告の手法や価格設定の方法論のみを学んだところで、効果的なマーケティングは実現しません。

技を身につける以前の精神が大事です。

2. マーケティングの基本プロセスを知る

その上で、マーケティングの基本プロセスを知ることが重要です。マーケティングは経営学の分野の中でも、そのプロセスがかなり体系化された領域の一つです。

特にフィリップ・コトラーの功績は多大なものがあり、近代マーケティングは基本的に彼の体系をベースにしています。

マーケティングというと図12の中のマーケティング・ミックス、つまり4P——Product（製品戦略）、Price（価格戦略）、Place（チャネル戦略）、Promotion（コミュニケーション戦略）——や、マーケットリサーチを思い浮かべられる人も多いと思いますが、それはマーケティング・プロセスの一断面にすぎません。

図12　マーケティング・プロセス

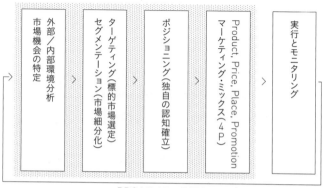

PDCAサイクルを回す

　状況によって多少の前後はありますが、このプロセスをしっかり意識し、大きな考えもれを防ぐことが、「買ってもらえる仕組み」を実現することになるのです。

　たとえばパナソニックに「ポケットドルツ」というヒット商品があります。この商品がヒットした理由としては、若いOLがランチ後に職場で歯を磨きたいのに、それまでの電動歯ブラシは大きくてかさばる上に、音が大きくてダサいという不満を抱えていたことに気づいたことがあります（市場機会の発見とターゲティング）。

　それを踏まえた上で、パナソニックは「化粧品の一つとなるようなおしゃれな電動歯ブラシ」として「ポケットドルツ」を開発し、売り出したのです。当然、OLが好む雑誌や番組などでもプロモーションを展開しました（ポジショニング、マーケティング・ミックス）。

　顧客の視点に立ち、適切にマーケティング・プロセスを回

すというマーケティングの基本を正しく実行したことこそが、
「ポケットドルツ」ヒットにつながったわけです。

ワンモア・アドバイス

　経営はサイエンスであり、同時にアートだともいわれます。
マーケティングも同様です。特に消費財マーケティングでは、
アート、すなわち感性やセンスに頼る部分が大きくなります。
　しかし、本項で触れたようなことを愚直に実行することで
成功確率を高められるのもマーケティングの特徴です。アー
トの部分は残るものの、サイエンス（科学的な方法論）の効
果は確実に出るのです。
　成功の再現性を高め、企業を永続的に発展させる上でも、
そうしたマーケティングのサイエンスの部分をまずはしっか
り理解することが非常に大事といえるでしょう。

キーワード
顧客起点、フィリップ・コトラー、マーケティング・プロセス、セグメンテーション、ター
ゲティング、ポジショニング、マーケティング・ミックス（4P）、再現性

Chapter4 ● 効果的にキャッシュを得るための生命線

Basic

033
本質的なニーズを
的確に見きわめる

顧客がほしいのは
1インチのドリルではなく、
1インチの穴である

解説

　マーケティングの基本は顧客のニーズを理解し、それを満たす製品・サービスを提供することです。しかし、売り手は、顧客は自社の「製品」がほしいのだと錯覚するものです。それを戒めるのがこの言葉です。

　メガネメーカーは、顧客はメガネをほっしていると考えてしまいがちです。しかしこれは顧客の根源的なニーズではありません。マーケティングの専門用語ではウォンツと呼ぶものです。本質的なニーズはあくまで「ストレスなくモノが見えるようになる」ということです。

　もしこの本質的なニーズを見逃してしまうと、90ページでも触れたように、同じニーズを満たす代替品にどんどん市場を奪われてしまいかねません。

　たとえばレーシック手術は現在20万円ほどですが、技術

革新が進んで価格が数万円程度になり、かつ安全性が確実に保証されるのであれば、メガネ市場は消滅してしまうかもしれないのです。

あらためて、自社のマーケティングや製品開発が、顧客の根源的ニーズに応えるものになっているのか確認しておきたいものです。

そうしないと、顧客のニーズの変化に対応した商品改良・開発もできませんし、ある日突然、自社製品の売上が消えてしまうかもしれないのです。

自社製品がそれまで潜在化していなかった顧客ニーズに訴求できないかを考えるバイタリティも重要です。

たとえば電報は、電話が登場した時点で素早い情報伝達という基本ニーズに関してはほぼ代替されてしまいました。しかし、

・形に残したい
・豪華な感じを出したい
・五感に訴えたい
・代理発信をしたい

などの潜在ニーズに応えることで、いまでも慶弔の場面で多用されているのです。

キーワード
ニーズ、ウォンツ

Chapter4 ❯ 効果的にキャッシュを得るための生命線

Basic

034 潜在ニーズの多くは
顧客の不満に潜んでいる

不満のあるところに
ビジネスチャンスあり

解説

　ニーズは、端的に言い換えれば欲望です。人間は欲望の動物です。その欲望にうまく応えてあげることがマーケティングの基本となるわけです。

　実際には、「こんなことがしたい」という前向きなものもありますが、「ここが困っている」「こうなれば快適、楽」といった不満の解消が大きな比重を占めます。人間は基本的に怠け者なのです。

　このようなニーズは往々にして潜在的なものですので、それをうまく拾い上げることが求められます。不満を解消したことでヒットした商品には以下のものがあります。

・「ウォークマン」：気軽に音楽を聞きたいが、ラジカセを持ち運ぶのは重いし面倒

- 携帯電話：家にいないと電話が使えないのは不便。家族と同居していると自分で独占するわけにもいかない
- カーナビ：いちいち地図を参照して自分の居場所を確認するのは面倒。特に方向音痴の人間にとっては苦痛
- 「Wii」：（母親の立場から）子どもがひとりでゲームに熱中するのは好ましくないし、不健全。コミュニケーションもできない
- プリン体ゼロのビール風味飲料：ビールは好きだが、飲みすぎると尿酸値が上がってしまい、痛風のリスクが増す

このように消費者・ユーザーとしての自分自身の日常の不満を解消できないかを考えると、ビジネスのヒントが得られることが多いのです。

ワンモア・アドバイス

本項では不満について取り上げましたが、その他にも「不快」「不平等」「不安定」など、「不」の文字がつく、言い換えれば理想像とギャップのあるところには大きなビジネスチャンスがある可能性が高いという点は認識しておくといいでしょう。

キーワード
潜在ニーズ、面倒くさい、楽がしたい

Chapter4 効果的にキャッシュを得るための生命線

Basic

035 製品コンセプトの調査には
限界がある

人は見るまで
その商品をほしがらない

解説

　新商品の開発にあたっては、通常、製品コンセプトを作り
ます。これは、文章にすると数行からA4用紙1枚程度のス
テートメントで、その商品が満たすニーズや商品の特徴など
を記したものです。

　そして、消費者アンケートなどを用いてその製品コンセプ
トが受け入れられるかを判断します。評判がよければそのま
ま商品化が進められますし、そうでなければコンセプトを練
り直すか、もしくはプロジェクトそのものを止めます。実務
的に非常に大事なプロセスです。

　しかし、製品コンセプトの調査、コンセプトテストでは評
判がよかったものが実際には売れないことや、逆に、あまり
評価されなかったものが爆発的にヒットすることもあります。

　これは顧客の気まぐれ、そしてマーケティング・リサーチ

の限界を示すものです。特に、文章から実際の商品イメージを喚起することの難しさを表しています。

爆発的な大ヒット商品となったアップルのiPhoneも、製品コンセプトの段階では、それほど絶賛されていたわけではないようです。

時代の最先端を行くイノベーティブな製品・サービスになるほどこの傾向は強まります。

ソニーの初代「ウォークマン」も、開発時点では、「録音機能もないのに3万円もするこんな製品が売れるはずがない」という声が強かったようです。それが日の目を見たのは、創業者である盛田昭夫氏の特命プロジェクトであったからとしかいいようがありません。

iPhoneも、当時CEOであったスティーブ・ジョブズのこだわりがなければ、生まれなかったかもしれません。

このようなカリスマリーダーの逸話は美化されて伝わりますが、そうした成功がいつも起きるわけではありません。

通常の製品開発プロジェクトにおいて、いかにこの問題を乗り越えるかは、マーケターや製品開発者に課された大きな課題なのです。

キーワード
製品コンセプト、コンセプトテスト、マーケティング・リサーチ、盛田昭夫

Chapter4 ● 効果的にキャッシュを得るための生命線

Basic

036

顧客の頭の中に
差別化イメージを作る

相手と同じことを
しようとした瞬間に
負け

解説

　昨今のマーケティングの重要課題は、**顧客の関心（アテンション）の奪い合い**です。経済が成熟化した結果、多数の商品が市場に溢れるようになってきたからです。

　競合とは明確に違うことを行い、顧客に強く印象づけることが求められているのです。

　スティーブ・ジョブズはこういいました。「美しい女性を口説こうと思った時、ライバルの男がバラの花を10本贈ったら、君は15本贈るかい？　そう思った時点で君の負けだ」

　マーケティングでは、ポジショニング（差別化イメージ）が非常に重視され、近年特にその意味合いが大きくなってきていますが、その理由も結局は同じことです（なお、マーケティングでいうポジショニングは、戦略論のポジショニング（95ページ参照）とは意味が異なり、顧客の頭の中に、競合

とは違う明確な差別化イメージを植えつけることです)。

ライバルとは異なる明確な差別化軸を打ち出し、成功した例にシルク・ドゥ・ソレイユがあります。彼らは通常のサーカスとは一線を画し、動物を使った曲芸は行いません。

その代わりに、芸術性の高いパフォーマンスを前面に打ち出し、オペラやロックなども積極的に取り入れています。衣装や舞台装置へのこだわりも突出しています。それが彼らを唯一無二の存在にし、世界中で人気を博すことにつながっているのです。

この例からもわかるように、ターゲットとポジショニング、製品コンセプト、提供価値は表裏一体のものであり、密接に連関していることが必要条件です。

逆にいえば、これらがバラバラだと、顧客も混乱し、その製品が市場で地位を築くことはできません。想定顧客を明確にイメージした上で、彼らの頭の中に強烈な差別化イメージを作ることが大事です。

キーワード
アテンションの奪い合い、ポジショニング、差別化イメージ、製品コンセプト、提供
価値

Chapter4 ❯ 効果的にキャッシュを得るための生命線

Basic

037 本質的な価値や新しさに絞り込む方が
かえって有効

傑作は
シンプルなものである

解説

モノ余りの現在、企業は細かな差別化をたくさん打ち出す
ことで競合に少しでも差をつけようとします。

家電製品などがその典型です。家電は、新商品でないとす
ぐに量販店では棚落ちしてしまいますから、メーカーが少し
の差別化しかなくても新商品を出したくなる気持ちもわかり
ます。

しかし、そうしたちょっとした差別化を複数組み合わせた
ところでなかなか伝わりませんし、ラットレースが続く結果、
結局は企業の体力を削いでしまいます。

わずかな差別化の足し算ではなく、本質的に異なる提供価
値や新しさに絞り込む方が、顧客に対するインパクトも強く
なります。その結果として、製品の形態そのものもシンプル
になり、使い方がわかりやすくなったり、(商材にもよりま

図13 傑作はシンプルなものである

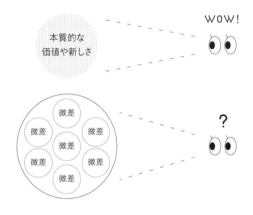

すが）製造コストが下がるというメリットも生じるのです。

その典型はGoogleのホームページでしょう。ポータルサイトのYahoo!などのホームページが情報だらけなのに対し、Googleのホームページは、これ以上ないシンプルさです。ユーザーは、見た瞬間にその使い方がわかりますし、情報を更新する必要もありません（ロゴのデザインに凝る程度）。検索という顧客のニーズを見据えた上で徹底的に余剰を排除した点にGoogleの慧眼があったといえるでしょう。

Googleのホームページは、見栄えこそシンプルですが、その裏側の検索のロジックなどはきわめて手が込んでいます。ポイントは、それを顧客には見せず、彼らにシンプルであると認知してもらった点なのです。

キーワード
棚落ち、ラットレース、本質的価値、余剰の排除

Chapter4 ● 効果的にキャッシュを得るための生命線

Basic

038
ナンバーワンのアテンションを
獲得する

顧客に最初に
思い出してもらえることが
重要

解説

マーケティングの重要な調査に認知度調査があります。認知度には何種類かのものがありますが、その中でも重要なのが以下です。

・**再認率**：「○○というブランドを知っていますか」の質問でイエスと答えられる率
・**再生率**：「△△の商品カテゴリーで思い浮かぶブランドは何ですか」の質問で名前が挙げられる率

そして、再生率の高いブランドの中でも、一番目に回答されることが最も多いブランドが第一想起ブランドです。

これは、人々が最も強いマインドシェアを持つブランドといえ、通常、最もシェアが高かったり、顧客ロイヤルティや

好感度も高いものです。

　一番に思い出してもらえるから買われるのか、よく買われるから一番に思い出してもらえるのかの因果関係は双方向的（チキン・エッグの関係）ですが、いずれにせよ、一番目に回答されることの価値はそれだけ大きいのです。

　たとえば、ビールについて調査をすれば、やはり「スーパードライ」が圧倒的な第一想起ブランドのはずです。発泡酒などを除く純粋なビールで50％のシェアを誇っていることの原因でもあり、結果でもあります。

　このようにいったん圧倒的な第一想起ブランドになると、口コミや、チャネルでのいい棚の確保などもあいまって、ますますその地位は強化されます。

　これは広告やプロモーションだけで実現できるものではありません。製品そのものの魅力が必要とされます。「スーパードライ」でいえば、鮮度に徹底的にこだわり、つねに美味しく飲める状態を提供し続けたことが現在の地位につながりました。

　あらゆる手法を用いてこの地位を獲得することがマーケターの一大目標なのです。

キーワード
再認率、再生率、第一想起ブランド、マインドシェア、顧客ロイヤルティ、好感度

Chapter4 ● 効果的にキャッシュを得るための生命線

Basic

039 選択肢に入らない段階で
負け

人の行動は
ほとんどが習慣

解説

　人間はあるカテゴリーの商品をまんべんなく検討してモノ
を買うわけではありません。たとえばシャンプーであれば、
せいぜい2種類くらい、ビールであれば5種類程度の選択
肢の中からその時の気分などに合わせて選ぶことが多いはず
です。この選択肢のセットを**エボークトセット**と呼びます。

　いったんエボークトセットに入ってしまえば、人間はその
中で製品を好み（プレファレンス）の程度に応じて選ぶよう
になります。その習慣はなかなか変わりません。逆にいえば、
いったんエボークトセットからもれてしまうとシェアを上げ
ることは容易ではないのです。

　筆者の例では、ビールのエボークトセットは、「プレミア
ムモルツ」「キリンラガー」「エビス」「スーパードライ」「黒
ラベル」「一番搾り」です。たまに新しいビールも試しては

みるのですが、結局はこの選択肢に落ち着いてしまいます。
それだけ定番商品は強いのです。

　マーケティングでは、このようにエボークトセットの中に
入ることがまずは目標となります。

　そこにもれてしまうと、急激にシェアは落ちます。ただし、
エボークトセットの中に入ったとしても、選ばれる順位が下
の方では、やはりそれほど儲かりません。

　だからこそ、前項でも述べたように、可能ならば好感度や
ブランドロイヤルティをともない第一想起ブランドとなるこ
とがシェア獲得に有効なのです。

ワンモア・アドバイス

　習慣化をさらに強固なものにする代表的な方法に以下があ
ります。

・ポイントカードなどによって囲い込む（例：多くの小売店
　やEコマース）
・本体を安く提供し、消耗品で儲ける「レーザーブレード」
　型のビジネスにする（例：カミソリの刃）
・学校や病院など、多くの消費者が初めて製品に触れる場に
　導入し、試用してもらう（例：産科におけるミルクや使い
　捨てオムツ）

キーワード
エボークトセット、プレファレンス、定番商品、レーザーブレードモデル、試用促進

Chapter4 ● 効果的にキャッシュを得るための生命線

Basic

040
大事なパートナーの
利益や感情を考慮する

チャネルの視点で
考えろ

解説

　何かしらの戦略や仕組みを考える際には、その対象者の視点で考えることが非常に効果的です。本章で対象としているマーケティング戦略の立案では、顧客の視点に立つことは必須です。これは、Basic4 で述べた複眼思考の実践版ともいえます。

　マーケティング戦略の一部であるチャネル戦略（卸や小売ルートの設計・管理）も同様です。

　自分たちの都合だけを考えてチャネル戦略を構築しても、彼らが思ったように動いてくれるとは限りません。彼らの利益や感情を彼らの視点に立って考え、Win-Win の関係を構築する必要があるのです。

　チャネル戦略で成功した例に、創業初期から昭和時代にかけての松下電器（現パナソニック）があります。

松下幸之助社長が自ら販売店を訪れ、相手の目線に立って説得し、ナショナルショップになってもらい、Win-Winの関係を構築していきました。そして最盛期には2万6000店に達したナショナルショップが松下の競争力の源泉となったのです。

　一方で、チャネルは、いざ戦略の変更が必要な時にはしがらみ、足かせになることがあります。

　松下電器も、消費者が町の販売店ではなく、大手量販店で家電を買うようになった際には、ナショナルショップの再編で多大な苦労をしました。あるべきチャネルの姿を前広に構想し、手遅れになる前に手を打つことが重要です。

図14　チャネルの二面性

競争優位の源泉	変革の足かせ
競合に先立って優良なチャネルを確立し、囲い込めれば、競合が模倣するのは難しく、競争優位性を持続させやすい	思いのままにコントロールすることが難しい、あるいは時間がかかる。チャネルが時代遅れになったとしても急に変更できず、企業にとって負債になってしまう

キーワード
松下幸之助、変革の足かせ

Chapter4 ❯ 効果的にキャッシュを得るための生命線

Basic

041 ブランドは信用や企業活動の
実態そのもの

ブランドは
単なるプロモーションの
結果ではない

解説

　近年、ブランドの構築、特に企業ブランドの構築は、単な
るマーケティング戦略の枠を超え、経営理念の見直しや、全
社戦略と同じレベルの重要性を持つようになっています。そ
れだけいい企業ブランドには価値があるのです。

　いい企業ブランドはどうすれば構築できるのでしょうか。
1980年代から90年代にかけてCI（コーポレイト・アイデ
ンティティ）が流行ったことがありましたが、ロゴの改定や、
プロモーションの強化にとどまるケースが少なくありません
でした。これでは確かに世間の印象は多少変わるかもしれま
せんが、ブランド強化にはつながりません。

　ブランドとは、定義の差はありますが、突き詰めれば企業
に対する信頼・信用であり、好ましい事柄を連想させる力です。

　セブン‐イレブンと聞けば、

・高品質の PB 商品

・買いたいものが置いてある

・サービスが豊富

・店舗がきれい

といったことを思い浮かべるでしょう。

　これらは単に広告やプロモーションをすることで伝わるものではありません。愚直に企業活動を行い、競争に勝ち、信頼を得てきたからこそ生まれたものです。

　ブランドとは、コミュニケーションの巧拙にも影響を受けますが、それ以上に、企業活動の実態を反映するのです。

　筆者はマーケティングのクラスでは、"Saying"（何をいうか）以上に **"Doing"（何をするか）、さらには "Being"（どのような企業であるか）こそが企業ブランドを左右する**といっています。これは一朝一夕に変わるものではありません。

　企業ブランドの構築は、マーケティング部門のみの仕事ではありません。マネジメント層が強くコミットするとともに、末端にまで浸透させたいブランドの意識が浸透し、企業活動に反映されてこそ、初めて実現するものなのです。

キーワード
企業ブランド、信頼、信用、ブランド連想、Being

Chapter4 ◆ 効果的にキャッシュを得るための生命線

Basic

042　高い顧客満足とロイヤルティが
高収益をもたらす

顧客満足は
最高のマーケティング

解説

　マーケティングの目標の一つは顧客満足を実現することです。顧客満足を実現することで、さまざまな副次的効果が実現でき、企業の収益性を高めることにつながるからです。具体的には以下のような効果です。

・リピート購買を行う
・その企業の他商品も買う（客単価が上がる）
・いい口コミをしてくれる
・値引き要求が弱くなる、高価格を受け入れてくれやすい
・有益なフィードバックをしてくれる　など

　これらが複合的に効いてくる結果、顧客満足度を実現することは、実は最も費用対効果の高いマーケティングである、

図15 満足度とリピート率の典型的な関係

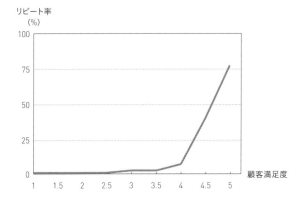

という状況が生まれるのです。

製品・サービスにもよりますが、多くの商材では、満足度とリピート購買の関係をプロットすると図15のような結果が得られます。

ちょっとした満足ではあまり意味がなく、きわめて満足、あるいは感激した、というレベルの満足度を実現できると、先述のような効果が急激に高まるということです。ディズニーランドのようなテーマパークやレストラン、あるいは接客型のサービス業でこの傾向が典型的に見られます。

ワンモア・アドバイス

リピート購買率が高いことと、満足度が高いことは必ずしもイコールではないことは注意しましょう。たとえば以下のような状況です。

・他に有効な代替製品・サービスがない

（例：孤島に一つしかない医院など）

・スイッチングコストが高い

（例：別の製品に乗り換える際に覚えなくてはならないことが多かったり、手間ひまがかかる）

90年代後半のマイクロソフトのWindowsなどはまさにその例でした。決して高い満足度を実現しているわけではないものの、他に有力な代替品もなく（近年ではAppleのパソコンがかなり復活していますが当時は微々たるシェアに留まっていました）、また、OSは一度インストールするとスイッチングコストが高くなる商品であるため、満足度以上のリピート率を享受していたのです。

　顧客の真のロイヤルティと、見せかけのロイヤルティを勘違いしてしまうと、その後の製品開発やマーケティング施策を誤ってしまいかねません。

　そこで近年採用されている指標がNPS（ネット・プロモーター・スコア：正味顧客推奨意向）です。

　NPSでは、「当社のことを友達に勧める可能性はどれくらいありますか？」と質問し、10点満点で9点以上をつけた推奨者の比率から、6点以下をつけた批判者の比率を引いて100ポイントからマイナス100ポイントの間でスコアを算出します。

　NPSが低ければ、見かけ上リピート購入率が高くても、それは顧客満足に基づくものではなく、他の要因によるものであると判断できます。それゆえ、自社製品のレベル向上や、潜在的脅威への対応などに関して適切な施策を講じやすくな

るのです。

　なお、顧客満足を上げるためには、まずは顧客の声を聞く
ことが必要です。その際に有効となるのはアンケートですが、
不満に思った顧客が必ずしも生の声をアンケートに書いてく
れるとは限りません。

　むしろ、「もう利用しないから」と無言でそのサービス
を利用しなくなることが多いものです。いわゆる、"Silent
customer is silent gone" の状況です。

　企業としては、費用対効果にもよりますが、必要に応じて
リピートしなかったり、ブランドスイッチしてしまった顧客
の追跡ヒアリングを行ったり、アンケートを工夫するなどし
て、多面的に彼らの声を集め、真の問題がどこにあるかを正
しく見きわめる必要があります。

キーワード
顧客ロイヤルティ、リピート購買、口コミ、客単価、NPS、Silent customer is
silent gone、ブランドスイッチ

Chapter4 ● 効果的にキャッシュを得るための生命線

Basic

043

企業の購買者には
さまざまな責任とリスクがともなう

法人顧客の
最大の関心事は
社内からの評価である

解説

　企業や法人顧客向けのマーケティングは、通常の消費財とは異なる難しさが存在します。

　その一つが、購買担当者の社内での責任やそれにともなう人事考課です。その重要性を示す言葉が冒頭のものです。

　たとえば喉が渇いた時、自動販売機で見慣れない商品を買ったとします。そのことについて、誰かに相談する必要はありませんし、美味しくなかったとしても、誰に対しても責任をとる必要はありません。

　ところが、法人向けのビジネスでは、購入の意思決定者は、社内に対して説明責任や結果責任を負います。特に、それまで用いていた製品・サービスを止め、新しいものに切り替える際には、その責任は大きくなります。

　新しい製品・サービスを導入してトラブルが起これば、担

当者は人事考課上、マイナス点をつけられるでしょう。

　こうした理由から、企業の購買担当者は保守化しやすいのです。新しいものの導入には及び腰ですし、必要性が高い場合でも、実績が少ない売り手からは買おうとしません。スペックの高さよりも、実績重視で判断しがちなのです。

　かつて IBM のメインフレームが全盛だった頃、企業の IT 担当者の間には「IBM の製品を買ってトラブルがあっても、それは IBM のせいであって、企業の IT 担当者の責任ではない」という言葉が通用していました。企業の購買担当者とは、そのくらい自分の評価を気にするものなのです。

　BtoB ビジネスのベンチャー企業などは、こうした法人顧客の保守性を踏まえた上で、以下のような施策をとるのが一般的です。

・圧倒的なコストパフォーマンスを実現する
・社内に対して先方の担当者が説明しやすい資料を準備する
　とともに、サポートを充実させる
・新しいもの好きの顧客を狙い、実績を積む
・いきなり全社に導入するのではなく、一部で試験導入する

キーワード
説明責任、結果責任、保守性、実績重視

Chapter4 ● 効果的にキャッシュを得るための生命線

Basic

044 顧客満足を実現する
従業員を大切にする

人が先、
顧客は後

解説

このフレーズを見て、「まずは顧客が第一ではないのか？」
という疑問を持たれたかもしれません。

最終的には顧客満足を実現する必要性はあるのですが、そ
れを実現できる体制がないうちに、小手先で顧客満足を実現
しようとしても難しいものがあります。

特にサービス業（とりわけ接客型のサービス業）では、顧
客満足を実現する重要な要素は自社の従業員です。

従業員のスキルが高く、かつモチベーションが高い状態が
実現されていないと、顧客は満足しませんし、「顧客不満足
⇒従業員不満足⇒顧客不満足⇒……」という悪循環が進みか
ねません。

まずは従業員の選抜や教育、動機づけなどをしっかり行い、
「従業員満足⇒顧客満足⇒従業員満足⇒……」といういいサ

イクルを回す土台を築くことが大事なのです。

それを実現したのが、アメリカで毎年、顧客満足度の高い企業ランキング上位に名を出す航空会社、サウスウエスト航空です。

同社は『社員第一、顧客第二主義』という書籍でも解説していましたが、能力開発をしっかり行ったり、エンパワメントがコミュニケーションに力を入れたりする、あるいは明るい職場作りを行ったりすることで従業員を大事にし、その結果として顧客満足度を上げることに成功しました。

ヤマト運輸の小倉昌男元社長も、宅急便という新事業を始めるにあたって、「サービスが先、利益が後」「社員が先、荷物は後」「車が先、荷物が後」「安全第一、営業第二」など、まずは顧客満足につながる仕組みに投資するという戦略を打ち出したことが、後の大成功につながっていったのです。

ワンモア・アドバイス

顧客満足（CS）と従業員満足（ES）が好循環を描きながら増幅していくモデルをサティスファクション・ミラー（鏡面効果）といいます。

サービス・マネジメントの大家であるジェイムズ・L・ヘスケット教授が提唱したものです。サービス業にかかわられる方は強く意識されるとよいでしょう。

キーワード
サウスウエスト航空、ヤマト運輸、小倉昌男、従業員満足（ES）、サティスファクション・ミラー（鏡面効果）、ジェイムズ・L・ヘスケット

Chapter4 ● 効果的にキャッシュを得るための生命線

Basic

045 顧客をビジネスパートナーとして
正しく位置づける

顧客は
神様ではない

解説

　日本には昔から「お客様は神様です」という言い方があり
ました。海外企業でも、「顧客はつねに正しい」というフレー
ズをオフィスに張り出している企業もあります。しかし、顧
客に振り回されすぎることは、さまざまな不都合を招きま
すし、Basic28 で解説したイノベーションのジレンマを招き、
企業を衰退にむかわせることすらあります。

　こうした陥穽を避け、顧客と適度な距離感をとり、場合に
よっては顧客の選別も行いながら、トータルとしての利益を
最大化しようというのがこのフレーズの趣旨です。

　顧客を無批判・無制限に受け入れ、丁寧に扱いすぎること
のデメリットには以下があります。

1. 対応にコストがかかりすぎる

　特に昨今はモンスター顧客に代表されるように、手のかかる顧客が増えています。そうした顧客に過度に手間暇をかけることは、コスト高を招いてしまいます。また、好ましくない顧客への対応によって従業員満足が下がると、それがさらに顧客満足低下につながりかねません（前項参照）。

2. 顧客満足やブランドイメージを毀損しかねない

　商材のタイプにもよりますが、本来自社製品・サービスを使ってほしい顧客層とは異なる顧客が増えてしまうと、他の顧客の満足度が下がったり（例：高級旅館）、ブランドのイメージが下がったりしてしまいます（例：オシャレなファッションブランド）。

3. 顧客のためにならない

　たとえば大学教育は、本来は顧客である学生の知識やスキルを高めることが目的のはずです。一方で学生は、楽をしたい、手を抜きたいという気持ちも持つものです。安易にそうした要求に迎合してしまうと（例：テストは無しで簡単なレポートですませてしまう）、肝心の知識やスキルの向上が図れなくなってしまいます。これは長い目で見て顧客のためにもなりませんし、自社の競争力をも失わせてしまいます。

　企業にキャッシュをもたらすのは顧客ですから、ぞんざいに扱うことは厳禁です。一方で、無批判、無制限に彼らを受け入れ、その要望に応えることも、上記のようなデメリット

を生じさせます。

　適切なバランスをとることは容易ではありませんが、企業としての利益最大化という観点はつねに持っておく必要があります。

> ワンモア・アドバイス
>
> 　企業にとって顧客は、単にキャッシュの源泉というだけではなく、図16に示したようなさまざまな意味合いを持ちます。顧客のこうした機能や役割も意識した上で、最適な顧客ポートフォリオや顧客接点を構築し、うまく活用することも意識したいものです。
>
> 図16 企業にとっての顧客の意味合い

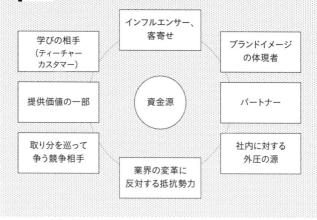

キーワード
モンスター顧客、ブランド毀損、顧客ポートフォリオ、顧客接点、インフルエンサー、ティーチャーカスタマー

リーダーシップ

Chapter5

人が動いてくれなければ、
どんな仕事も実現できない

人が動いてくれなければ、 どんな仕事も実現しない

　経営戦略やマーケティングが貧弱な企業が長期間繁栄することは、よほど強い規制に守られた業界でない限りはまれです。

　では、経営戦略やマーケティングがしっかりしてさえいれば組織が繁栄するでしょうか。答えは否です。どれだけいい戦略やマーケティングプランがあったところで、働く人々が、モチベーション高く、同じベクトルで力を投入しない限り、昨今のビジネス環境の中では勝ち残れません。

　では、人々に動いてもらうためには何が必要なのでしょうか。組織の仕組み、評価・報奨の仕組みなども重要です。しかし、人々をよりダイレクトに鼓舞するのは、身近にいる上司の行動や発言であったり、また、人間の心の機微を踏まえたコミュニケーションのあり方などです。

　「Aさんがいうことならいくらでも頑張るけど、Bさんにいわれても頑張りたいとも手伝いたいとも思わない」というシーンは珍しくありません。

　もし周りからBさんのように見なされていたら、立派なプランを立てたところで、誰もあなたについてきません。ビジネスパーソンとしての価値は限りなく低くなってしまうのです。

人に動いてもらえる能力は、天性の資質による部分もありますが、後天的に学べることが示されています。

　本書では、トップリーダーシップの視点からのリーダーシップ論よりも、若手の方でも実践しやすいポイントにフォーカスしていきます。

　本章のヒントを心に留めれば、より多くの人があなたの期待通りに動いてくれる可能性は増すはずです。人と接する上で、意識していただきたいのが、本章で紹介していく基本なのです。

Chapter5 ● 人が動いてくれなければ、どんな仕事も実現しない

Basic

046 人間は何回も繰り返していわれないと
忘れる

100をいって
1が伝わる

解説

　職場でよくあるトラブルとして、「この前メールしたのに、ちゃんと読まなかった君が悪い」「この前いったはずなんだけど」といったことがあります。

　しかし、このような発言をする人間はビジネスリーダー失格です。人間は一度いわれたりメールで書かれたりしただけでは、すぐに忘れるからです。

「100をいって1が伝わる」はやや誇張した表現ではありますが、現実的にも、重要なことであれば「10をいって1が伝わる」くらいのイメージでしつこくコミュニケーションしておく方が無難です。特に、相手が若くて未熟だったり、逆に忙しすぎる管理職に対してはこれがあてはまります。

　元GEのCEOだったジャック・ウェルチはかつて、シックスシグマを戦略の軸に据えた際に、口を開くたびに「シッ

クスシグマ」といったそうです。その回数は年間数百万回にも及んだといいます。

GEのような大きな組織でCEOとして末端まで戦略を伝えるのなら、そのくらいの「耳にタコができる」と思われるだけの頻度が必要との考えからです。

また伝えるだけではなく、理解してもらうことがもっとも大事です。人間は説明を求める動物であり、さらには納得しない仕事は手を抜く動物なのです。

重要な仕事になればなるほど、相手の視点に立ち、その理解度やモチベーションを理解した上で、意義や目的、手法などについてしっかり説明し、同意を促す必要があります。

場合によっては図や写真を見せたり、自分が実演することで視覚に訴えることが非常に有効です（Basic56参照）。

見ることが、頭だけではなく、心に残り、やってみようと思わせる動機につながることが非常に多いからです。

キーワード
ジャック・ウェルチ、視覚に訴える

Chapter5 ● 人が動いてくれなければ、どんな仕事も実現しない

Basic

047 感情への配慮なくして、
人はいうことを聞かない

人間は
感情の動物

解説

　人間は、合理的に筋道が通っているからといって、その通りに動くわけではありません。それを妨げる大きな要素が感情です。

　感情にもさまざまなものがありますが、人に動いてもらう上で、特に意識したいのは、相手のメンツをつぶさない、相手の自尊心に配慮するといったことです。

　ビジネスシーンにおいて、「怖い」などといった原始的な感情が邪魔になってとるべき行動をとらないということは実は多くありません。多いのは、「メンツがつぶされたので、あいつには協力したくない」といった、傍目には子供じみた理由だったりするものです。

　事実、それで物事が進まなかったという経験をされた方は多いでしょう。

人間はプライドの動物です。彼／彼女に気持ちよく動いてもらう上で、合理性一辺倒で説得しようとすることは必ずしも効果的ではありません。

自分自身が公平、正直に接することも意識した上で、まずは相手の感情面に最大限配慮し、その上で合理的に説明するという順序が大事なのです。

ワンモア・アドバイス

その他に意識したい感情として、以下の二つを指摘しておきます。

1. 信頼

人間は、自分が上司や先輩から信頼されているかどうかを非常に敏感に察知する動物です。「この人は自分のことを信頼してくれていない」ということを感じると、仕事への熱意が薄れますし、「この人のために頑張りたい」という気持ちも生まれません。

近年のリーダーシップ行動の重要な要素にエンパワメントがあります。エンパワメントにはテクニック的な要素もありますが、ベースとなるのは相手に対する信頼感です。相手を信頼することが、相手からの信頼にもつながり、感情をいい方向にむけさせるのです。

2. 共感

下手な同情はやぶ蛇になる可能性もありますが、相手が辛い状況に置かれている場合には、その心情を察し、優しく接する、あるいは共感を示してあげることが必要です。それが中長期的な自分への信頼を大きく左右するのです。

キーワード
自尊心、公平、エンパワメント、信頼、共感

Chapter5 ● 人が動いてくれなければ、どんな仕事も実現しない

Basic

048　リーダーシップは学びうる行動様式

リーダーに生まれるのではない、リーダーに育つのだ

解説

　リーダーシップの研究は特に20世紀になってからアメリカを中心に進みましたが、当初は特性理論と呼ばれる仮説が支持されていました。端的にいえば、「リーダーは、持って生まれた先天的な特性を持つ」、言い換えれば「リーダーはリーダーとして生まれる」という仮説です。

　しかし、研究が進むにしたがって、家系や親の職業などは、それほど個人のリーダーシップに影響しないことがわかってきました（ゼロという意味ではないですが、比重はそれほど高くはなかったということです）。

　こうした結果を受けて、リーダーシップ――ビジョンを示したり、部下を鼓舞したり、適切なフィードバックを与えるなど――は天性のものではなく、後天的に学びうるスキル、行動様式であるという考え方が定着したのです。

ここでのポイントは、リーダーという人間にフォーカスするのではなく、リーダーシップをスキル、あるいは行動様式と捉えたことです。

持って生まれたリーダーの資質があるからリーダーらしく振る舞うのではなく、それは学び、伸ばしうるものであると捉えた点が斬新だったのです。

この事実は、これからビジネスの現場で結果を出したいと考える若い人々にとって大きな励みになるはずです。「自分はリーダータイプではない」と思っていた人でも、しっかり学習すればリーダーシップを発揮できるのです。

また、上司の立場に立てば、部下がリーダーシップを発揮できるよう能力開発することが重要なことがわかります。企業にとっての希少資源は、モノやカネ以上にヒト、特にリーダーシップを発揮できる人材です。

リーダー育成で定評のある GE では、「君は何人のリーダーを育てた？」といったことが話題になるそうです。

次世代のリーダーを育てることも、リーダーの重要な役割であり、それは当然学びうるスキルなのです。

キーワード
特性理論、リーダー育成

Chapter5　● 人が動いてくれなければ、どんな仕事も実現しない

Basic

049　リーダーへの準備段階が重要

よきリーダーとなるためには、よきフォロワーとなれ

解説

　近年、フォロワーシップという言葉が浸透してきました。これはリーダーの反対のフォロワーの立場にも好ましい行動様式があるという考え方です。

　ポイントは、フォロワーシップとリーダーシップにはある程度高い相関があるということです。特に若い頃に好ましいフォロワーシップを発揮する人材は、長じてリーダーの立場になった時にも、好ましいリーダーシップを発揮する可能性が高いのです。

　フォロワーシップの研究にはさまざまなものがありますが、有名なのはロバート・ケリーによる分類です。彼は、独自のクリティカル・シンキング（健全な批判的思考）の度合いと関与の積極性の２軸でマトリクスをつくり、両方が高いフォロワーを模範フォロワーとしました。

図17 フォロワーの分類

出所:ロバート・ケリー『指導力革命』(プレジデント社)に加筆修正

模範的フォロワーは、以下のような特性を持つとされます。

・仕事において付加価値を生み出すことに熱心で、それを実現する
・人間関係を育むことが得意で、チーム内、チーム外、そしてリーダーともいい関係を構築できる
・「勇気ある良心」を持っており、時にはリーダーに進言を行うなど、高い視座から物事を考えることができる

こうした人材たらんとする努力や意識が、リーダーシップに結びつくのは非常に納得感があるといえるでしょう。

キーワード
フォロワーシップ、模範的フォロワー、勇気ある良心、高い視座

Chapter5 ● 人が動いてくれなければ、どんな仕事も実現しない

Basic

050 模範的なやり方で
イメージを喚起する

人を動かすには
模範を示すことが大切だ。
それしかない

解説

　この言葉は、ノーベル平和賞を受賞した哲学者・医学者の
アルベルト・シュヴァイツァーによるものです。

　それ以外にも、範を示すことの重要性を説いた人物は数え
きれません。日本では、山本五十六海軍大将の「やってみせ、
いって聞かせて、させてみせ、ほめてやらねば、人は動かじ」
が有名です。山本大将の場合はさらにその後にとるべき行動
についても述べていますが、最初にまず自分がやってみせる
ということを述べているのはやはり示唆に富みます。

　模範を示すことのメリットとしては以下があります。

1. 具体的にイメージしやすい

　特に、初めてやる事柄については、人間はやり方のイメー
ジも湧きませんし、どのあたりに難しさがあるのかもわかり

ません。それをやることでどのようなリターンが得られるのかも自信を持てないでしょう。

まずはやってみせるというのは、具体的なイメージを喚起する上で、やはり効果的です。

2. 説得力が増す

上記は物事のやり方の話でしたが、それ以上に範を示すべきは、姿勢や態度、日常の行動などでしょう。部下に「メールは24時間以内に必ず返事するように」と指導している上司が、自分がそれを守らなければ、全く説得力がありません。「あなたがいうな」という話になり、なし崩し的にルールは守られなくなるでしょう。

人の姿勢や態度などを指導するのであれば、やはり自分自身が範を示し、その効果をしっかり見せないといけないのです。

前述の2に関して時々人がやってしまいがちで、信頼を失うのが、都合のいいポジショントークです。新人には何かを強制する一方で、自分自身は「自分は新人の頃やったから、もういい」などといってしまうケースです。

大人である社会人が安易にポジショントークをしてしまうと、ご都合主義にしか見えません。メタな視点を持ち、範を示していない自分がどのように他人に見えるかを客観的に眺め、改める姿勢が望まれます。

キーワード
山本五十六、ポジショントーク、ご都合主義

Chapter5　人が動いてくれなければ、どんな仕事も実現しない

Basic

051
業務の意味づけによって
人の意識や行動は左右される

私の仕事は
大聖堂を作ることです

解説

　一見同じ仕事をしていても、その仕事をどう捉えるか、どう意味づけするかによって、やる気や行動は変わってくるものです。このフレーズは、それを示す寓話の一部です。

　その寓話とは具体的には以下のようなものです（他にもいくつかのバージョンがありますが、ここではその中で印象的なものを選びました）。

　ある人が3人の石を積む職人を見かけました。彼は最初の1人に「あなたの仕事は何ですか？」と聞きました。「見ての通り、石を積むことです」というのがその答えでした。

　2人目の職人に同じ質問をしたところ、彼はこう答えました。「建物を作ることです」

　3人目の職人はこう答えました。

「私の仕事ですか？　私の仕事は大聖堂を作ることです」

この中で最もイキイキと働いているのが3人目の職人であることはいうまでもないでしょう。目的意識が違ったり、全体における自分の位置が理解できているか否かで、モチベーションの高さは大きく異なってくるのです。

実際にとる行動も変わってきます。3人目の職人は、自分の仕事を大聖堂を作ることと考えていますから、もし近くで粘土をこねる人間が困っていたら、それを手伝うかもしれません。逆に、1人目の職人は、他の仕事をしている人間が困っていたとしても、傍観する可能性が高いと想像されます。俗にいう「守備範囲」が狭くなってしまうのです。

現代の組織でも同様です。社長の名刺の整理を任された新入社員が、自分の仕事をルーティーンの名刺整理と捉えれば、非常に苦痛な時間を過ごすだけでしょう。

しかし、自分の仕事を社長のトップセールスの効率化、あるいは企業ブランディングの土台作りと捉えれば、モチベーションも湧きますし、さまざまな工夫も凝らすようにもなるのです。

自分自身のモチベーション、セルフモチベーションを高めるためにも、あるいは人に仕事をお願いする際にいい結果を残してもらうためにも、仕事の意味づけの重要性は押さえておきたいものです。

キーワード
意味づけ、目的意識、守備範囲、セルフモチベーション

Chapter5 ❯ 人が動いてくれなければ、どんな仕事も実現しない

Basic

052 フィードバック不足の
落とし穴を避ける

フィードバックに
過剰はない

解説

　みなさんも、業務の中でフィードバックという行為をしたりされたりすることがあるでしょう。

　フィードバックは相手のいい点を正しく評価したり、できていないことがあればその理由を一緒に考えたりするなど、仕事を円滑に進め、またスキルアップや動機づけを行う上で、非常に重要な行為です。

　ところが、多くの管理職を調査した結果、そのフィードバックの量が圧倒的に少ないことが判明しました。もっと管理職はフィードバックに時間を使うべきというのが、冒頭の言葉の趣旨です。

　フィードバックが少ないとどのような好ましくないことが起きうるでしょうか？　以下に典型例を挙げましょう。

1. MBOやアニュアルインタビューの場でようやく見解の
   相違が表面化する
   部下は自分では非常に頑張ったという自負があったにもか
かわらず、四半期や年に1度の公式のミーティングで初め
て「物足りなかった」などの評価を聞いたら大いに困惑する
でしょう。これはお互いにとっても不幸です。
   常日頃から短い時間でもいいので、ワン・オン・ワン・ミー
ティングを行い、期待値や評価を擦り合わせておくべきなの
です。

2. 自分の指導力が伸びない
   業務遂行がうまくいっていない人間に対して適切なフィー
ドバックを行うことは、技術的にも精神的にも負荷がかかり
ます。だからこそ億劫になり、フィードバックの回数が減る
ともいえます。
   適切なフィードバックを行うには、観察力、コミュニケー
ション力など、多くのスキルが必要になります。それらを総
合した指導力を伸ばすためにも、フィードバックから逃げて
はいけないのです。

キーワード
ワン・オン・ワン・ミーティング

Chapter5 ◗ 人が動いてくれなければ、どんな仕事も実現しない

Basic

053
一方的にいいたいことを
しゃべりすぎないようにする

しゃべるな、
聴け

解説

指導歴の浅い管理職や先輩社員がよく陥ってしまう罠が、ひたすら自分がしゃべり、相手はそれを聞くだけというパターンです。

これでは部下の抱えている問題も明らかになりませんし、その解決も図れません。また、部下はいいたいことがいえませんから、鬱屈したものが溜まってしまいます。

それを避けるために励行したいのが、コミュニケーションの多くの時間を**「聴くこと（傾聴）」**と**「訊くこと（質問)」**に使うことです。

・傾聴

傾聴は、要するに、相手のいうことを聞いてあげるということです。自分がしゃべる時間と相手にしゃべってもらう時

間のバランスに絶対的な基準があるわけではありませんが、通常は、相手に6、7割程度の時間をしゃべってもらうことが推奨されているようです。

これにより、相手は「いいたいことをいった」という感覚を持てますし、「彼／彼女は話を聞いてくれる人だ。やりやすい」という印象を持つようになるのです。

・質問

部下とのミーティングで質問を多用するのは、いわゆるコーチングのテクニックです。コーチングでは、相手にいきなり解を与えるのではなく、あくまでヒントを与えるにとどめ考えてもらい、自分自身でその解にいたる手助けをすることを重視します。

なぜそのような、一見まどろっこしいことをするのでしょうか。人間は、相手にいきなり解を与えられると、それをすぐに忘れる傾向があります。しかし、考えた末に自分で到達した答えはよく覚えているものだからです。

ただし、有効な質問をするためには、相手の理解度や置かれた状況を正しく理解しておく必要がありますし、質問のテクニックなども磨く必要があります。

これは必ずしも容易ではありません。しかし、容易でないからこそ、これをしっかりマスターした時のリターンは大きいのです。

キーワード
傾聴、質問、コーチング、ヒントを与える

Chapter5 ● 人が動いてくれなければ、どんな仕事も実現しない

Basic

054
相手と自分の能力アップの
一石二鳥を実現する

教えることが
最高の学び方

解説

　人に何かを教えるという行為は、自分自身の準備や予習も
大変ですし、教える中で自分自身のいたらない点に気づいた
り、新たに学べる点も非常に大きなものがあります。相手に
対する理解も深まります。

　相手のスキルを上げることもさることながら、自分自身の
学びにもなるので、ぜひ積極的に教えることにエネルギーを
使え、さらには、部下にも教えさせろというのがこの言葉の
意味するところです。

　チーム全体のスキルが上がる結果、生産性も増しますし、
教えた相手との一体感も生まれやすくなるなどの副次効果も
期待できます。

　教える際には、前項でも触れたコーチングの手法を用いる
とさらに効果が上がります。ただし、そのための準備にはか

なりの時間を充てる必要が生じます。付け焼き刃で質問をしても、相手をうまく考えさせることにはなかなかつながらないのです。

ただし、それを最初から完璧にできる人はいませんから、経験を積みながら質問の力を上げていくとよいでしょう。

ワンモア・アドバイス

教えるという行為と通底するものがあるのが、マニュアルの作成です。マニュアルの作成には、業務の効率化というダイレクトな効果以外にも、以下のようなメリットがあります。

・業務やその前提となる戦略や企業の目的に対する理解が深まる
・筋道を立てて考えたり表現する力が鍛えられる
・その仕事を自分がやる必要性が減る結果、自分はさらに新しいことに時間を使える

これも、自分だけでやるのではなく、部下と作業分担を行うと、単純に一体感が生まれるだけではなく、お互いの考え方の差を埋めることができたり、メンタルモデル（思考様式）が揃えられるなど、副次的な効果が得られます。

一見億劫な作業ではありますが、投資対効果は高いものがありますので、機会があればぜひ挑戦してみてください。

キーワード
マニュアル、メンタルモデル

Chapter5 ● 人が動いてくれなければ、どんな仕事も実現しない

Basic

055　対立のプラスの側面に
　　　目をむける

対立あればこその
深みである。
妙味である

解説

　対立（コンフリクト）という言葉は、一般には好ましい印象を持たれることは少ないでしょう。しかし、世の中全体を見回してみると、対立が以下のようなプラスの効果を生み出すことは決して少なくありません。

・より高次の妥結点を探る結果、いい着地点に行きつく。時には弁証法的に新しい考え方に行きつく（アウフヘーベン）
・議論が活性化し、何が物事の本質なのかの理解も進む
・互いが切磋琢磨する結果、全体のレベルが上がる

　なお、冒頭の言葉は松下電器（現パナソニック）の創業者である松下幸之助氏のものです。この言葉は、さらに以下の

ように続きます。

「だから、排することに心を労するよりも、これをいかに受け入れ、これといかに調和するかに、心を労したい」。

　これは現在注目を浴びている多様性の受容と活用にもつながる発想といえるでしょう。

　対立を組織全体のエネルギーの源泉としたのが、特に昭和時代の自由民主党です。同党は1955年の結党時から多数の派閥が存在しましたが、特には協力し、時には反目しながらも、切磋琢磨を怠らなかったことが、長年、政権政党の役割を果たす原動力になったのです。

　とはいえ、すべての対立が健全で、好ましい結果を生み出すわけではありません。中には本当に不毛な対立も存在します。これらの対立の特徴は、事柄や手法に関しての前向きな対立ではなく、感情的な対立、保身のための対立といった、後ろ向きの動機から発するものだということです。

　こうした対立は、早い段階で芽を摘みとるのが好ましいのはいうまでもありません。

　最初は小さな対立でも、それが大きくなると手に負えなくなるからです。恨みや嫉妬などは、時として非常に大きな負のエネルギーに結びつく点は意識しておきたいものです。

キーワード
コンフリクト、アウフヘーベン、多様性、切磋琢磨

Chapter5 ● 人が動いてくれなければ、どんな仕事も実現しない

Basic

056
視覚と心に訴えかけることが、
人が行動を変える上での鍵

見て、
感じて、
変化する

解説

リーダーシップ論や企業変革論で名高いジョン・P・コッター教授が、著書『ジョン・コッターの企業変革ノート』の最終章で記したのがこの言葉です。

人に行動を変えてもらう時、特に慣性の法則が働いていてなかなか変わらない行動を変えてもらう際には、分析や合理性に訴えかけてもあまり効果がありません。視覚に訴え、心に訴えかけることこそが、人々の新しい行動を促すカギとなるのです。

劇的で、視覚に訴えかけるものは、人々の注目を引きます。具体的には以下のようなものです。

・顧客の不満の声を大きく書いた貼り紙
・危機感を醸成するようなグラフ（例：利益率や顧客満足度

が右肩下がりになっているもの)、逆に成功を示すグラフ
・ステークホルダーからの称賛の声を書いたボード

　関心のないところに行動の変化はありませんから、これは
非常に重要です。
　また、それらは行動の変化を阻害するような感情、現状満
足や根拠のない自尊心などを抑制する効果を持ちます。同時
に、それらを見ることで、前向きの感情、情熱やいい意味で
の自尊心、希望などが生まれてくるのです。
　感情に影響があり、心が変わると、人間の行動は変化して
いきます。そして新たな行動が次なる結果を生み出し、それ
がまた可視化されることで、心への働きかけが起こり、それ
がさらに次の行動を促すという好循環が生まれるのです。
　コッターは、このフレーズを、ある程度大きな組織変革を
前提として紹介していますが、これは小さな職場の人々の行
動変化にも応用できます。
　「大は小を兼ねる」の言葉通りです。まずは視覚に働きかけ、
そして心に働きかえるという方法は、さまざまなシーンで有
効と考えてよいでしょう。

キーワード
ジョン・P・コッター、慣性の法則、危機感の醸成、可視化、好循環

組織

Chapter6

いい仕組みが
競争力を向上させる

いい組織の仕組みが
競争力を向上させる

Chapter5 では、対人的なコミュニケーションやリーダーシップにより、人々がモチベーション高く動く状況を実現するヒントを紹介しました。

一方で、組織は、個人の頑張りだけで生産性を向上させるにはやはり限度があるものです。企業が大きくなるにしたがい、あるいは、担当する職場の範囲が大きくなるにしたがい、個人の属人的なリーダーシップや頑張りを補う、組織の仕組みというものが重要になってきます。

具体的には、組織の構造（組織図）であったり、人事システム（採用、配置、育成、評価・報奨、勤怠など）、そして組織文化といったものが、互いに連携しながら組織の拡大再生産や自律的発展を促すものになっていなければいけません。組織の制度維持が自己目的化してもいけませんから、その時々の経営環境を反映した戦略や目指すべきビジョンと合致している必要性もあります。

これらを高次元で実現することが、人事部はもちろん、経営者の大きな役割でもあります。

こうした制度の詳細は、詳細に解説しようとすると、それだけで分厚い本になってしまいます。しかしそこにも基本となる考え方はあるものです。

本書では、詳細にこだわるのではなく、このような仕組み

の重要性を若い読者の方々に感じていただけることを意識しています。

Chapter6 ● いい組織の仕組みが競争力を向上させる

Basic

057 組織は戦略遂行に
適したものでなくてはならない

組織は
戦略に従う

解説

これは、アルフレッド・D・チャンドラー Jr. が著書『Strategy and Structure』の中で述べた言葉です。

書籍のタイトルからもわかるように、チャンドラーは特に組織の構造をメインに考えましたが、一般には、より広義に人事システムや組織文化なども含めて組織は戦略遂行に適したものでなくてはならないと解されています。

たとえば、製品（ハード）を売ることを主眼とするのではなく、ソリューションを売り、それにともなってハードも売れていくことを新しい戦略とするのであれば、組織もそれに合わせて変わる必要があります。

例として次のような施策を講じる必要が出てくるのです。

・組織の構造を製品別の組織から業界別の組織に変更する

・評価の仕組みを、製品売上ではなく、顧客の満足度や顧客別の売上に連動させたものに変更する
・コンサルティング営業の研修を増やす
・組織文化を顧客第一主義に変えていく

　組織と戦略が整合している必要があることはいうまでもありません。

　しかし、組織には慣性が働きますから、戦略が変わったからといって、そう簡単に変わるものではありません。それをいかに素早く、かつ混乱少なく移行するかが、経営者に課された課題でもあるのです。

ワンモア・アドバイス

　「組織は戦略に従う」というテーゼは非常に大事な一方で、経営学者のイゴール・アンゾフは、「戦略は組織に従う」と述べました。戦略を企図するのは組織ですから、自ずと戦略はその組織のあり方を反映したものになるということです。

　リスクをとらない組織文化が根強い企業では、立案される戦略も保守的なものになってしまうということです。

　ただし、経営環境が目まぐるしく変わる昨今においては、こうした組織による制約は認識しつつも、既存の組織の枠にとらわれない大胆な戦略を打ち出し、組織をそれに合わせて変えていくという発想がより重要になってきているといえるでしょう。

キーワード
アルフレッド・D・チャンドラー Jr.、イゴール・アンゾフ、組織の慣性

Chapter6 ● いい組織の仕組みが競争力を向上させる

Basic

058 属人的な差配だけでは
成長の限界に到達してしまう

30年成長する企業は
メカニズムがある

解説

　これは、マイクロソフトの創業者として名高いビル・ゲイツ氏の言葉です。彼の主張を端的に説明すると以下のようになります。

「ベンチャー企業が成長するのは当たり前のことだ。極論すれば、すぐれた仕組みがなくても、リーダーの属人的な頑張りでなんとかなる。しかし、30年、さらにはより長期にわたって成長を続ける企業には、それを支える、すぐれた仕組みやメカニズムが存在する」

　このメカニズムは、具体的には、本章の前書きで触れた組織構造であったり、人事システム、組織文化などです。また、それらのベースとなる経営理念（経営哲学）もここに含まれます。さらにいえば、管理会計の仕組みや、パートナーを引きつける戦略上の特性などもここに含まれます。

たとえばリクルートは 1960 年創業の会社ですが、1988年に起きたリクルート事件で創業者の江副浩正氏が退任した後も、かつて以上に業容を拡大し、また「人材輩出企業」として優秀な人材を世に送り続けています。

その背景には、独自の組織文化や組織運営の仕組みがあります。キーワードはチャレンジ精神とリスクテイク、自己成長意欲です。新しいことに挑戦することがよしとされ、それを後押しするような社内公募の制度なども充実しています。数字は厳しく見られるものの、結果を出せばどんどん新しいことができます。

暗黙の了解として存在する「38 歳定年制」も、組織の新陳代謝を促しています。また、OB、OG といい関係を築き、時にはビジネスパートナーとなることで、新ビジネス創出が加速されるという独特の生態系（エコシステム）を築いている点も見逃せません。

こうした仕組みは、長年核となるリジッドな要素と、環境変化に合わせてどんどん進化するフレキシブルな要素を巧みなバランスで持つことが重要です。

前者の代表が、創業者の意思を反映した経営理念であり、後者の代表がその時々の採用方針や評価の仕組みなどです。この絶妙の組み合わせが、組織の継続的成長を支えるメカニズムとなるのです。

キーワード
ビル・ゲイツ、リクルート、江副浩正、経営理念、エコシステム、リジッドな要素、フレキシブルな要素

Chapter6 いい組織の仕組みが競争力を向上させる

Basic

059 採用こそが組織のさまざまな要素に
影響を与える

問題は、
誰をバスに乗せるかだ

解説

『ビジョナリー・カンパニー2』などの著書で有名なジム・コリンズは、採用を「バスに乗せる」と表現し、それこそが組織の命運を決めると主張しました。

「誰をバスに乗せるか」ということが特に影響を与えるのは組織文化です。組織文化は人々の行動を大きく規定する上に、顧客への提供価値にも間接的に影響を与える非常に重要な要素です。好ましくない組織文化を持つ企業が長年にわたって発展した例はほとんど存在しません。

あるベンチャー企業の採用方針の例をご紹介しましょう。同社は、新卒採用は行わずに、中途採用で人材を集める方針を貫いています。かつては人材が不足していたため、スキルを重視し、即戦力になる人材を優先して採用していました。ところが、そうした人々の中には、優秀ではあるものの、必

ずしもその会社が大事にしたい価値観や文化に合致しない人が少なからず存在しました。

そうした人々は短期的には確かに結果を出すのですが、結局は居心地が悪くなってしまいますし、時として不要な軋轢を生んでしまい、組織の雰囲気を悪くします。

そうしたこともあって、同社は、ある程度の成長を果たした後は、即戦力であるということ以上に、会社の価値観に合致することを優先して採用を行うことに方向転換したのです。

もちろんスキルを見ないわけではありません。しかし、面接時点では多少不足の箇所があっても、伸びしろがあると見込まれるならば採用するという方針にしたのです。その方が、長い目で見た時の投資対効果が高いという判断です。

一方で、あまり現在の価値観や組織文化に合う人間ばかりを採用すると、組織としての多様性が失われ、環境変化に対応できない可能性が高まる危険性があります。

これを避けるてっとり早い方法は、「変化はあたりまえ」「多様性を認める」ということを組織文化に埋め込んでしまうことです。

変化させずに残すものと、変化させるものを適切に切り分けることは非常に大切なのです。

キーワード
ビジョナリー・カンパニー2、組織文化、価値観、多様性

Chapter6 ● いい組織の仕組みが競争力を向上させる

Basic

060 仕事や責任の与え方で
人の成長が決まる

器が人を作る

解説

　組織としての最も大事な責任の一つは人材の育成です。人材の育成は、研修といった Off-JT の方法もありますが、基本的には仕事を任せる中で、OJT で行うのが基本です。Chapter5 でも触れたように、リーダーからの適切なフィードバックやコミュニケーションがあることも非常に大切です。

　よくある失敗は、会社としてなすべき業務にこだわりすぎ、確実にできる人材を配置してしまうことです。つまり、すでに十分な実力がある人間にその仕事を任せるのです。

　これは、顧客への信用などを考えれば一見正しいようですが、人材の育成という観点から考えると必ずしも有効ではありません。多少冒険にはなりますが、若手に仕事を任せ、チャレンジさせる方が、結果として組織の能力そのものが上がるというのが「器が人を作る」という言葉の主眼の一つです。

難しい仕事を任せることのメリットには以下があります。

・創意工夫をしようとする。その結果、会社も予想しなかったような斬新な方法論が生まれることもある
・責任感が醸成される。また責任が重いため、ストレスに対する耐性が増す
・多数の人間を監督したり巻き込まなくてはならないことが増えるため、マネジメント力が鍛えられる

　一方で、仕事がうまく進捗しない、プレッシャーに押しつぶされるなどのリスクもあります。
　こうしたリスクを回避するのがまさに上長の役割となります。つねに当人の状況を把握し、困ったところで助け船を出すことが要求されます。
　こうした仕事のアサインメントがうまいとされるのがトヨタ自動車です。同社では、若手に仕事を任せつつも、「この辺でおそらくつまずくはずだ」ということを上司があらかじめ予期し、タイムリーな指導を行うとのことです。
　同社が、必ずしも最優秀の人材を採用しているわけではないにもかかわらず、日本でナンバーワンの時価総額を誇る企業として君臨している秘密はそんなところにもあるのです。

キーワード
人材育成、Off-JT、OJT、アサインメント、責任、トヨタ自動車

Chapter6 ● いい組織の仕組みが競争力を向上させる

Basic

061
人間はインセンティブに
想像以上に過剰反応して行動する

人間は
インセンティブの
奴隷

解説

　トップや上司が崇高なビジョンを掲げ、「一緒に頑張ろう」
といえば人々はモチベーション高く頑張るでしょうか。

　実際にはそんなに単純ではありません。人々を動かす別の
大きな要素であるインセンティブの影響や威力を正しく理解
する必要があります。歴史を振り返ると、意図を持ってイン
センティブを与えたところ、人々が本来の意図とは逆の行動
をとったという例は枚挙にいとまがありません。

　かつてコブラに悩まされたインドでは、コブラを捕えると
賞金を与えるというインセンティブを導入しました。結果と
してコブラは減ったでしょうか。実は逆のことが起こりまし
た。

　賞金を稼ぐためにコブラを飼育し、繁殖させるような人々
が現れたのです。困惑した当局はコブラに賞金を出すことを

止めました。その結果、賞金稼ぎたちは、繁殖させたコブラを野に放ってしまい、かえって増えてしまったのです。

こうしたことは企業組織の中でもしばしば起こります。組織の中には「一見合理的だけど、必ずしもトータルとしていい結果をもたらさないインセンティブ」が溢れているものです。

卑近な例は残業代でしょう。残業代は、本来、仕事量が多く、労働時間が長くなりがちな人々に報いる制度だったといえます。しかし、多くの企業で残業代という制度は、人々が効率よく定時までに仕事を仕上げる動機を奪ってしまっており、日本企業の生産性の低さの原因ともなっています。

別の例として、ある特定の商品・サービス（通常は新しいプロダクト）の販売にインセンティブを過大につけた結果、顧客のことをあまり考えずにその商品・サービスばかりを売ろうとしたなどのケースもあります。

人を動かす上でインセンティブは非常に重要な武器であり、それを使いこなすのは必須です。

ただし、バランスを欠いたインセンティブ、一部の「不心得者」の動機を理解しないインセンティブは、悪影響の方が大きくなってしまいます。

「行為の意図せざる結果」には細心の注意が必要です。

キーワード
行為の意図せざる結果

定量分析

Chapter7

数字を使って意思決定をし、
人を動かす

数字を使って
意思決定をし、
人々を動かす

　数字で根拠を示すことのメリットとしては、まずは客観性が上がるということがあるでしょう。

　ある新興国に出張する際に、人の噂で何となく治安が悪いと聞いていても、それを他人に伝える際、数字がともなわないと、いたずらに恐怖心を煽ったり、逆に必要な注意喚起ができない可能性が高くなります。もし「10万人当たりの殺人件数は○○人、盗難は△△件。犯罪率は日本に比べて数十倍高い」という根拠があれば、誰に対しても同じ情報を伝えることが容易になります。

　量的なことをイメージしやすく、より適切なアクションに結びつけやすいというメリットもあります。

　たとえば、営業の会議で「目標までまだまだだ。とにかく頑張れ」といわれても、担当者は困ってしまいます。しかし、「目標まで90％の達成率だ。各人アクションプランを考えるように」といわれれば、残りの10％を達成する算段を頭の中でつけることがかなりしやすくなるでしょう。

　ビジネスにおいてこうした数字を扱うのが定量分析です。何らかの目的を持って数字を集め、それを分析・加工し、最終的にはグラフなどに可視化し、意思決定を下したり、説得

の材料とします。

　正しく使えば非常にパワフルな武器となる一方で、落とし穴が多いのも、この領域の特徴です。

　数字は強力な武器だからこそ、こうした落とし穴に気をつけ、正しく使いこなす意識を持つことが大事なのです。

Chapter7 ● 数字を使って意思決定をし、人々を動かす

Basic

062 数字の怖さと限界を意識する

数字だからこそ疑え

解説

　数字は正しく用いれば、客観性も高まり非常に大きな武器となります。しかし、効果が高いがゆえに、間違って用いると、そのダメージも大きくなります。

　だからこそ数字の怖さや取扱上の注意をしっかり理解しようというのがこのフレーズの趣旨です。よくある落とし穴を紹介しましょう。

1. 間違った数字を根拠にしてしまう

　ある製品の製造・販売コストが1個8000円にもかかわらず、ミスで5500円という計算がされたとします。他人が計算した数字は、よほど実感値と異なっていないと、意外と検証されないものです。この数字をベースにマーケティング戦略を立てれば、売れば売るほど赤字になってしまいます。

180

2. 出所の怪しい数字を根拠としてしまう

　Basic5でご紹介した確証バイアスとも関連しますが、人は自分に都合のいい数字だけを用いがちです。

「タバコは健康に悪影響を与えない」といった類の主張をする人々が用いるデータは、偏った、信頼性に乏しいデータだったりします。中には、関係者が意図を持って、捏造とはいわないまでも、都合よく作ったデータも存在するでしょう。

3. 前提が不適切な数字を根拠としてしまう

　自分の願望に合わせて楽観的な数字を作ってしまうというケースもあります。NPV（正味現在価値）で投資の是非を判断する企業において、NPVを試算した結果がマイナスだと、さまざまな楽観的条件を置いて強引にNPVをプラスにしてしまうのです。

　他にも、世の中には怪しげな数字がまかり通っているものです。定量分析の世界には、"Garbage in, garbage out"（ゴミを入れてもゴミしか出てこない）という言葉があります。用いる数字が不適切であれば、その後どんなに論理的に考えても不適切な結論しか出ないのです。

　数字は一見客観性が高く見えるからこそ、「その数字は本当か」「前提は適切か」「誰がどんな意図で作った数字か」といったことを健全に疑う姿勢が求められます。

キーワード
出所、数字作成の意図、計算の前提、Garbage in, garbage out

Chapter7 数字を使って意思決定をし、人々を動かす

Basic

063
人間の感情や行動をイメージしながら
数字を見る

ビジネス数字は
人間学

解説

　ビジネスで扱う数字（例：市場シェアや顧客満足度、売上高、利益、認知率、従業員満足度）と、自然科学分野で扱う数字（光速、アボガドロ数、分子の質量や大きさなど）の最も大きな違いは何でしょうか。

　それはビジネス数字が、すべて人間の心理や行動を反映したものであるという点です。

　数字の分析を行っていると、数字が無味乾燥なものにしか見えないという方も多いかもしれません。しかし、それではビジネス定量分析の効果は下がってしまいます。

　数字の背景にある人間の意思や行動に思いを馳せながら仮説を立て、それを検証する姿勢が大事です（Basic15参照）。

・なぜこのような数字になったのか？

- なぜ予測と異なっていたのか？
- このようなアクションをとると数字はどう変わるか？

などを仮説検証の精神を持ちながら考えると、よりよい示唆が導けますし、アクションも的確にとれる可能性が高くなるのです。

そうした仮説が人間理解なく構築できるはずがありません。ビジネス数字をうまく活用するには、人間という対象に対する関心を持ち、人間観察に長ける必要があるのです。

近年はビッグデータ活用などの進展もあり、人間が介在しなくとも、コンピュータが勝手にデータを解析し、自動的にアクションをとるというシーンも増えています。購買履歴に基づくリコメンデーションメールの発信などがその典型です。

こうした流れは不可避ではありますが、最終的にアルゴリズムを作るのはやはり人間ですし、2016年現在、経営上重要な意思決定を行うのもやはり人間です。機械は、まだまだ大きな限界があります。

数字の裏側にある顧客の息づかいや、競合の思惑など、人間だからこそイマジネーションを働かせて読みとれる感情のひだを解釈するところに、ビジネス定量分析の醍醐味があるのです。

キーワード
人間心理、人間観察、ビッグデータ、リコメンデーション、アルゴリズム

Chapter7 ● 数字を使って意思決定をし、人々を動かす

Basic

064

比較する意味のある数字から
意味合いを引き出す

apple to apple

解説

　ある数字が一つだけ孤立して存在していても、それがどの
ような意味を持つかはわかりません。たとえば、ある企業の
顧客満足度4.5（5段階評価）という数字は、それ単独では
解釈できないということです。

　しかし、そこに「業界の平均顧客満足度は4.2」「昨年の
自社の顧客満足度は4.0」という数字があれば、比較によっ
て、「業界平均より頑張っている」「昨年から大きく顧客満足
度が向上した」といったことがいえるでしょう。

　数字に意味づけをする際には「比較」が重要になります。
対競合、対業界、対前年、対目標などがその典型です。その際、
適切に比較して有意義な意味合いを導き出せる数字を準備せ
よというのが「apple to apple（リンゴとリンゴを比較する）」
の意味合いです。

比較が apple to apple にならないケースとしては以下が典型的です。

・**定義が異なる**（例：食料自給率は、日本はカロリーベースだが、出荷額ベースの国もある）
・**異なる前提を用いている**（例：生産性の分析をする際に、自社の従業員数は正社員を用いる一方で、競合の従業員数には正社員以外の従業員も加えて計算した）
・**対象が変わった**（例：日経平均225。銘柄の入れ替えとそれにともなう補正があるため、厳密に言えば連続性は保たれていない）
・**対象範囲が変化した**（例：オリンピックの金メダル数。毎回、種目数は変化している）

　現実には、完全に apple to apple の比較をするのは容易ではなく、多少のずれが生じるのは致しかたない部分もあります。上記の中では、日経平均225がその例といえるでしょう。

　しかし、100％の精度で apple to apple は実現できないまでも、有意義な解釈を引き出すために、apple to orange（リンゴとオレンジを比較した）のような状況にはならないようにする必要があるのです。

ワンモア・アドバイス

　定義や前提などの問題以前に、比較すべきではない数字と比較をしているというケースも多々見られます。

　会議を開催する際に、「みなさんのこの会議の時間分の人件費を考えてください。それ以上の成果を出しましょう」という人がいます。これは正しい比較対象ではありません。その会議の時間分の人件費は、何をしていようが発生するものだからです。

　このケースであれば、参加者の機会費用、つまり他の仕事をした時の成果と会議の成果を比較すべきなのです。

　生存者バイアスも比較対象を誤った例といえます。これは「成功したベンチャー企業の共通点として、従業員満足度が５段階評価で４以上である」といった分析です。こうした分析はそこかしこに見られますし、多面的に行えば、一定のヒントは得られます。

　しかし、本来知りたいのは、成功したベンチャー企業と失敗したベンチャー企業の差のはずです。もし失敗したベンチャー企業も従業員満足度が４以上であれば、上記の結論は全く意味のないものになってしまいます。

　失敗した企業やリーダーの情報はなかなかとりにくいがゆえに、生存あるいは成功した企業やリーダーの共通点に着目するというアプローチが過度に用いられているのです。

　逆に、好ましくない事例だけを対象に共通点を検討してしまうというミスもあります。たとえば、ある学校が退学者のみの共通点を探ってしまうというやり方です。

これも本来は、退学者とそうでない人間の比較を行うべき
なのですが、往々にして忘れ去られてしまいます。企業の品
質管理などでも、不具合が起きたケースに強く意識が行きす
ぎると、そこだけで物事を考えてしまい、目立つ要素を原因
と錯覚しがちなので注意が必要です。

　正しい比較対象を選んだ上での結論なのかという点は、つ
ねに注意しましょう。

キーワード
日経平均 225、apple to orange、機会費用、生存者バイアス

Chapter7 数字を使って意思決定をし、人々を動かす

Basic

065 多面的に数字を見る

額、率、「当たり」

解説

物事の実態を捉える上で、数字を多面的に見るに越したことはありません。特にお金に関する数字については、金額そのものだけではなく、何かと比較した比率や、「1人当たりの売上高」「坪当たりの売上高」といった生産性などを見ると、より実態を適切に把握できます。

例として図18を見てみましょう。ある企業の顧客別の売上と利益を示したものです。この会社にとって最も重要な顧客はどの会社でしょうか? あるいは、もっと経営資源を割くべき顧客はどの会社でしょうか?

重要という意味であれば、売上も利益も最も大きなD社が重要なのは間違いありません。しかし、同社との取引を最優先で増やすべきかといえば疑問です。売上高利益率で見るとA社やB社に劣りますし、営業担当者当たりの売上高や

図18 顧客の比較

業績(単位) \ 顧客	A社	B社	C社	D社
売上高(百万円)	200	270	330	400
利益(百万円)	20	25	27	36
営業担当者数(人)	5	6	6	12
売上高利益率(%)	10	9.3	8.1	9
1人当たり売上高(百万円/人)	40	45	55	33
1人当たり利益(百万円/人)	4	4.1	4.5	3.3

利益額を見てみると4社の中で最下位だからです。

　利益率を高めたいのであれば、売上高利益率の最も高いA社により経営資源を振り向けるべきでしょう。効率的に売上や利益額を増やすことを狙うのであれば、C社に営業担当者をもっと貼りつけるべきかもしれません。ただしその場合は、売上高利益率は下がってしまいそうです。

　より適切な意思決定をするためには、定性的な情報を加味したり、さらに別の数字、各社ごとの昨年の数字からの成長率なども考慮する必要があります。いずれにしても、数字を多面的に見て、何を重視するかをしっかり意識することが、より適切な意思決定に結びつくのです。

キーワード
利益率、生産性、成長率

Chapter7　数字を使って意思決定をし、人々を動かす

Basic

066　グラフ化して
直観的に考えることが大事

「眼」で考えよ

解説

　定量分析を行う際には、生の数字データではなく、グラフ化して視覚的に物事を捉え、その上で考えるというやり方が有効です。若手のアナリストなどが、最初に叩きこまれる作法の一つでもあります。しかし、世の中の人が必ずしもそれを励行しているわけではありません。その効果を確認してみましょう。

　あなたは上司からの指示で、ある業界について調査を行うことになったとします。場合によってはこの業界への新規参入やアライアンスも検討しているようです。まずは事業の特徴を捉えようとして主要8社の業績を集めてみました。さて、この数字からあなたはどのような示唆（意味合い）を導き出せるでしょうか。

	A社	B社	C社	D社	E社	F社	G社	H社
売上高 (億円)	1500	120	950	450	270	190	660	1250
営業利益率 (%)	11.0	4.5	8.8	10.5	5.0	4.5	7.0	8.9

おそらく、この「生の数字」を眺めるだけで意味のある示唆を導き出せた人は、ほとんどいないはずです。数字をそのまま眺めているだけでは、示唆を得ることも、他人に何かを説明することもきわめて難しいのです。そこで必要になってくるのが、生データをグラフ化し、視覚的に物事を捉えるということです。

試しに、横軸に売上高を、縦軸に営業利益率をとって散布図を描いたのが図19です。

こうすると、この業界の特徴がよくわかるはずです。基本

図19 「眼」で考えよ

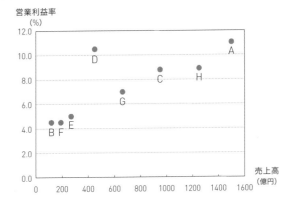

的に売上が大きくなるほど利益率は増していますから、この業界はいわゆる規模の経済性が強く働く業界であるといえそうです。

また、1社だけ他の企業群の傾向とは異なる、「異常値」的な企業があることもわかります。

それは売上高が450億円と業界中位であるにもかかわらず、トップ企業とほぼ同じ利益率を叩き出しているD社です。現段階ではなぜD社がこのような異常値をとっているのかは不明ですが、以下のような理由が仮説的に考えられそうです。

・他社とは顧客層が異なる
・他社には真似できない価値提供が実現できている
・他社とは業務プロセスや保有資源が異なる（メーカーであれば工場を持たずにファブレス化している、サービス業であればフランチャイズ化をしているなど）
・他社とは利益モデルが異なる（他社が広告収入だけなのに対して、イベント収入やライセンス収入もあるなど）　等

実際にどの理由が該当するかはさらなる調査が必要でしょう。しかし、もしこの業界への新規参入を検討するのであれば、真っ向から規模で勝とうとしても難しいでしょうから、D社のやり方を学び、業界でプレゼンスを築く方が有効といえるかもしれません。

たった1枚のチャートからだけでもこれだけの示唆が得られるわけですから、鍵となる分析はぜひグラフ化して「眼

で考える」習慣をつけたいものです。おそらくいままでは見えていなかった世界が見えてくるはずです。

> ワンモア・アドバイス
>
> 　グラフで考えることは重要な半面、不適切なグラフを作成してしまったり、他人が作ったグラフを注意もなく眺めていると、間違った判断を下したり、正確ではない印象を抱くことがあるので注意が必要です。
> 　よくある落とし穴は以下のようなものです。
>
> ・**軸のとり方が不適切**
> - 軸の途中がカットされている、あるいは軸（特に縦軸）がゼロからスタートしていない
> - 縦軸について左右に軸がとってあるが、そのバランスが悪く、片方のみが悪目立ちしている
> - 時系列グラフで、横軸の最初の年度のとり方が恣意的
> ・**漫画的なイラストグラフに幻惑されてしまう**
> ・他人が付加した強調点に眼が行ってしまい、**純粋な視点でグラフを見ることができない**
> - 補助線やハイライト、矢印や注釈など。特に補助線は印象を左右するので、補助線がないものとしてピュアな視点でグラフを見ることが望ましい
>
> 　グラフは視覚に訴えやすいからこそ、うまく使いこなすと人を動かす上で大きな武器になります。
> 　しかし、その裏腹に、視覚的イメージが強すぎるからこそ要注意であるという点は銘記しておきたいものです。

キーワード
グラフ化、散布図、異常値、補助線、ハイライト

Chapter7 ▶ 数字を使って意思決定をし、人々を動かす

Basic

067

ほしい数字が手に入らない時こそ
腕の見せどころ

「ない数字」は
Best Estimateで
作り出せ

解説

　数字（数値）は、それがほしいからといってすぐに手に入るものではありません。実際に何かの数字がほしいと思って検索してみても、適切な情報が存在しないことの方が多いものです。

　特に、新しく生まれつつある市場に関する情報などは、業界団体や協会などもないことが多いため、容易には手に入りません。注目を浴びている「派手な分野」（例：IoTの市場規模）についてはまだ情報が見つかる場合も多いのですが、「地味な分野」（例：階段の手すりの市場規模）に関しては、なかなか都合よく数字がとれません。専門の調査機関のデータが存在するケースもありますが、一部が数万円と高価なことも多く、簡単に利用できるわけでもありません。

そのような場合には、自分なりに他の数字をベースに、最適と思われる前提を置いて数字を「作り出す」ことが求められます（ここでいう「作り出す」は、捏造という意味ではありません）。

誰もがすぐに手に入る数字ではなく、Best Estimate で苦労して作り出した数字だからこそ付加価値が生じるともいえるのです。

例として「左利き用の包丁」の潜在市場規模を考えてみましょう。ウェブで検索してみたところ、左利き用の包丁の市場規模などはそう都合よくは見つかりません。また近年の包丁そのものの市場規模も見あたりません。

わずかに見つかったデータ（元データは富士経済研究所）によれば、包丁の市場規模は、2004 年段階で 165 億円、毎年 2％ほどの減少基調です。2016 年現在の市場規模については、同様のトレンドが続いていたと仮定して、$165×0.98^{12}$ ＝ 130 億円としましょう。

次にそのうちの左利き用の比率ですが、これはなかなか難しいものがあります。

ウェブ検索ですぐに見つかるデータによれば、日本人の左利き比率は約 11％です。しかし、左利きの定義が曖昧な上に、子どもの頃の矯正もあるため、左利き包丁を欲する消費者比率を正確に見積もるのは容易ではありません。

もし適切な資料がないなら、費用対効果にもよりますが、自分で調べてみるのも一つの方法です。たとえば通行人 150 人くらいにアンケートを行い、左利きの包丁を使いたい人の比率を探るのです（本来、統計上有意な数字を出すためには

300人くらいのサンプルはほしいのですが（次項Basic68参照）、ここではそこまで手間をかける必要はないと判断しました）。その際、なるべく年齢などが偏らない場所で調べることが必要です。

そこで得られた比率が6％であれば、左利き用の包丁の潜在市場規模は130億円の6％で8億円弱と試算されます。

この方法だけでは不安という場合には、別のアプローチで試算した数字を用いてクロスチェックするといいでしょう。仮にある包丁メーカーにヒアリングをして、「うちの左利き向きの包丁の売上高は3000万円程度。シェアは5〜6％くらい」という情報を引き出せたら、市場規模は5億〜6億円程度と推定できます。これを先の数字と併せて検討することで、おおむね市場規模は6億〜7億円程度ではないかと推定できるのです。

ポイントは、「言葉で表したモデル式」の妥当性と、実際に用いた数字の妥当性です。今回のケースでいえば、

2016年の左利き用包丁市場規模＝2004年の包丁市場
×成長率（12年分）×左利き用包丁に対するニーズ

といった式のことです。

これについて複数のパターンを用意し、クロスチェックを行えば、そんなに大外しする数字にはならないのです。

ワンモア・アドバイス

　実際に調べることが難しい数値を、さまざまな手がかりをもとにラフに試算し、おおよその値を求める思考方法にフェルミ推定があります。コンサルティングファームの入社試験などで出てくる「日本に建物は何軒あると思われるか？」といった類の問いに答える考え方です。物理学者のエンリコ・フェルミが広めました。

　基本的な発想は先述のものと同じですが、フェルミ推定では、アンケートなどで数字を集めるのではなく、常識的に皆が知っている数字や、入手が容易な数字を用いて概算値を求めるのが一般的です。フェルミ推定を常日頃頭の中でトレーニングしておくと、いざという時にも、数字を作り出す能力が向上します。

　建物の例であれば、図20のような「言葉のモデル式」が作れそうです。そこに常識的な数字や、あなたの Best Estimate の数字を入れてみてください。可能であれば、オリジナルの「言葉のモデル式」も作ってみましょう。

▍図20 日本に建物は何軒あるか

日本の建物の数	＝	「人口」×「人口当たり建物数」
日本の建物の数	＝	「戸建住宅数」＋「空き家数」＋「集合住宅数」＋「その他建物数」
日本の建物の数	＝	（「年間新築件数」－「年間取り壊し件数」）×28年÷（平成以降に建てられた建物の比率）

キーワード
言葉のモデル式、フェルミ推定

Chapter7 ● 数字を使って意思決定をし、人々を動かす

Basic

068 統計数字を見る際には
慎重さが必要

嘘には3種類ある。
普通の嘘と真っ赤な嘘と
統計だ

解説

　これは、作家のマーク・トウェインがいったとされる言葉です。それほど統計数字は、場合によってはミスリーディングなものになりうるのです。その代表は平均値の罠です。これについては重要なので次項で改めて述べます。ここでは、それ以外の典型的な落とし穴について触れましょう。

1. サンプルが偏っている

　インターネットで政党支持率の調査をすると、若年層の意見が過大に反映されます。実際に選挙に行く比率はお年寄りの方が高いので、ますます誤差は広がるのです。

2. サンプル数不足

　統計的に有意な数値が得られない、数個から数十単位のサ

ンプルで結論を出してしまうという罠です。できれば300程度のサンプルがあることが好ましいとされます（サンプル数が増えるほど、ずれが小さくなる）。

3. 相関＝因果と錯覚する

　暴力事件を起こした子どもが、高い比率で対戦型のゲームをやっていたとします。一見、対戦型のゲームが凶暴性を醸成したという結論が導けそうですが、もともと暴力性の高い子どもほど対戦型のゲームを好むという因果関係がある可能性もあるのです。

　以下の問いにチャレンジしてみてください。みなさんはどちらの方が多いと思われますか。

A）毎日100人の児童が来る公園で女児が60人以上来た日
B）毎日10人の児童が来る公園で女児が6人以上来た日

　答えは圧倒的にBが多い、です。

　これは「大数の法則」によるものです。なぜそうなるのかわからなかった方は、統計に弱い傾向があるといえますので、弱点克服を意識していただくといいと思います。

キーワード
サンプルの偏り、サンプル数不足、統計的に有意、大数の法則

Chapter7 ● 数字を使って意思決定をし、人々を動かす

Basic

069 平均値はよく使われる数字だからこそ
注意が必要

平均値は
平均の像ではない

解説

　平均という言葉は、「普通の」あるいは「一般的な」とい
うイメージを連想させます。しかしこれは全くの誤りであり、
平均値が一般的な姿を表さないことは非常に多いのです。

　ある調査によれば、日本の20代の人々の平均貯蓄額はお
よそ180万円でした。しかし、実際にはほとんどの20代の
方はこの数字より少ない貯蓄額しかないはずです。

　実は、同じ調査で、平均値ではなく中央値を見たところ、
約40万円程度でした。つまり、貯蓄額の多い人間から順番
に数えていくと、全体の半分の順番の方の貯蓄が40万円だっ
たということです。こちらの方がより実態に近いと思われた
方も多いのではないでしょうか。

　これが平均値の罠です。平均値は、正規分布（平均値を中
心に、釣鐘状の形になる分布）となるようなデータにおいて

は、非常に有効な代表値です。身長などがその典型です。

　こうした正規分布のケースでは、平均値はまさに中間的な値になりますし、一番のボリュームゾーンにもなります。

　資産や年収など、1人で数千人分、あるいは数万人分もの値をとることができるような場合には、平均値は実態よりも上の数字となり、かえって混乱を起こすのです。身長の数値が、210cmの大男でも、男性の平均身長（約170cm）の1.24倍しかとりえないのとは大違いです。

　こうした場合には、「普通」あるいは「一般的」な像としては、順位の真ん中に位置する中央値の方が適切なのです。

ワンモア・アドバイス

　平均値はメッセージ性が強いということも意識しましょう。どんな人間であれ、多い（大きい）方が好ましい数字について、「君は平均値より下だった」といわれて嬉しいはずはありません。平均値と比べて一喜一憂するのが人間です。

　だからこそ、平均値を用いることが適切なケースと、そうでないケースをしっかり峻別したいものです。単純な方法ではありますが、ヒストグラム（度数分布図）を作成し、視覚的に確認すると効果的です。

キーワード
代表値、中央値、正規分布、メッセージ性、ヒストグラム

Chapter7 ● 数字を使って意思決定をし、人々を動かす

Basic

070 悪意のある数字は
注意を凝らすことで見破れることがある

きれいすぎるデータには
裏がある

解説

　すでに述べてきたように、数字にはしばしば悪意をもった操作が入り込みます。前提や出所をしっかり確認したり、作り手の利害関係などにも注意を払うことが、そうした悪意を見抜く上で重要です。

　一方で、ちょっと不自然な点に意識をむけるだけで、単純にグラフなどからその手の操作を見抜くこともできます。そうした嗅覚とでもいうべきセンスを磨く上でヒントとなるのがこのフレーズです。

　みなさんは図21をどの程度信頼するでしょうか。

　私が直観的に感じたのは、「データがきれいすぎる。操作されているのではないか？」ということです。おそらく、補助線から大きくずれたサンプルを除いた可能性が高そうです。

図21 A業界の売上高と収益性の関係

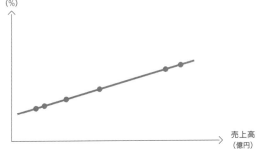

ここでみなさんに質問です。コインを実際に投げた結果と（○が表、●が裏）、私が同僚に頼んで作為的に作ってもらった並びが以下の二つです。どちらが実際にコインを投げた結果かわかりますか？

答えはAです。人間が作為的に本来ランダムなものを作ると、妙にバランスがよくなりすぎてしまうのです。

こうしたセンスを持つことは簡単ではありませんが、ちょっとした違和感を大事にするよう心がけてください。

キーワード
過剰な操作、違和感

アカウンティング

Chapter8

会社の数字を
正しく読みとる

会社の数字を
正しく読みとる

　ビジネスの数字にはさまざまなものがありますが、その中でも、特に経営者や投資家などが注目するのは、「会社の成績表」ともいえる財務諸表に表れる数字、すなわち、売上高や営業利益、当期純利益などでしょう。

　こうした数字を中心的に扱う経営分野がアカウンティング（会計）です。アカウンティングはさらに財務会計と管理会計に分かれます。

　財務会計は、企業の実態を外部の人間に適切に報告することを目的としており、損益計算書（P/L）や貸借対照表（B/S）、キャッシュフロー・ステートメント（CFS）といった財務諸表を作成すること、逆に外部の立場に立てば、これらの報告書を正しく読み解くことを主眼とします。

　一方、管理会計は、社内の意思決定の質を高めるとともに、従業員の動機づけを行ったり、PDCAをしっかり回していくための会計です。財務会計で用いる数字も活用しますし、その企業独自にKPI（Key Performance Indicator：重要業績指標）を設定し、活用することもあります。

　Chapter7でもご紹介した通り、数字は非常に強力なツールであり、その数字を用いて組織の効率的な運営を図るための会計ということもできます。

　会社の数字を読んだり使いこなせなければ、ビジネスパー

ソンとして失格です。

　本章では、財務会計の数字を読み解く際のコツや、管理会計で数字を活用する際のヒントをご紹介します。

Chapter8 ● 会社の数字を正しく読みとる

Basic

071
経営の結果は
会計数字に表れる

会計がわからない＝
経営がわからない
ということだ

解説

　これは京セラの創業者であった稲盛和夫氏の発言です。企業が何かしらの活動を行うと、それにともなっていろいろとお金が動きます。製品を作ろうとすれば、原材料を仕入れたり、工場の設備を買わなくてはなりません。人の採用も必要になるでしょう。

　そうすれば、それは費用として最終的には損益計算書（P/L）に計上されたり、機械として貸借対照表（B/S）の固定資産に計上されたりします。

　さらに売上が上がれば、それは最終的にはP/Lの売上高に計上されます。また、期末で現金化されていないものについては、B/Sの売掛金に計上されます。

　企業活動を行い、**お金が動くと、それは必ず会計上の成績表ともいえる財務諸表（P/L、B/S、CFS）に計上される**のです。

この数字を読めなければ、自分たちの活動が適切だったのかどうかがわかりません。会計数字が読めないということは、企業活動を適切に評価できないということであり、まさに経営がわからないということとほぼ同義なのです。

もしプロ野球チームの監督が、打率や打点、ホームラン、盗塁、防御率などの数字の意味を理解できていなかったとしたら、適切な采配を振ることはできないでしょう。たまたま勝つことができても、それは偶然にすぎません。再現性がないのです。

この例であれば、「チーム全体としてヒットが多く打率も高いのに、得点が少ない。もっと長打力のある打者を獲得しなくては」とすぐに判断できなくては監督失格です。

ビジネスにおいても同様で、経営者が会計の数字を読めることは不可欠ですが、中間管理職や若手であっても、自分の活動がどのように会社の数字と連関しているのかわからなくては、適切な行動はとれません。

大赤字で現金も枯渇している会社で、「新しいアイデアがひらめいたので、研究開発の予算をつけてください」といっても効果はないでしょう。ビジネスパーソンである以上、会計の数字が読めることは大前提なのです。

キーワード
財務諸表、損益計算書（P/L）、貸借対照表（B/S）、キャッシュフロー・ステートメント（CFS）

Chapter8 ● 会社の数字を正しく読みとる

Basic

072 正しい報告が
     長い目で見た時にはペイする

信用は
透明性から

解説

　アカウンティング、特に財務会計においては、企業の実態
を適切かつ透明性高く外部に知らしめることが重要視されま
す。それを行わない企業は結局、投資家だけではなく、社会
からの信用を得られないというのがこの言葉の意図するとこ
ろです。

　もし、自社の実態を適切に報告していない企業があったら
どうなるでしょうか。会計士を巻き込んで粉飾決算を行い、
倒産間際のところを利益が出ていると報告したら、どのよう
な不都合が生じるでしょうか。

　仮にその企業が本当に倒産してしまうと、株主の持ち株の
価値はゼロになるでしょう。取引先は、安全だと思ったから
取引をしたのに、倒産されてしまって現金を回収できないか
もしれません。それがさらに他の企業に波及して、連鎖倒産

を起こす可能性もあります。中で働いている社員も、急に職場を失って狼狽してしまうでしょう。

これは極端な例に思えるかもしれませんが、現実にしばしば起こっていることなのです。

こうしたことを避けるためにも、企業の実態を正しく報告することが会社法などで定められているのです。

一方で、人間はすべてを公開（ディスクローズ）することに抵抗を覚えるものです。たとえばストックオプションを付与された経営者であれば、経営上のリスクなどは隠したいと考えるものです。

しかしこのようなことを許せば、結局その企業の評判は落ちてしまいます。評判は財務諸表には現れませんが、企業にとってはきわめて大事な資産です。

それを守るためにも、適切に実態を公開する方が、長い目で見ると企業のためにもなるのです。

株式公開企業や、株式公開していなくても大企業は、社会の公器です。大企業の不正会計は、その国や株式市場の評判まで落としてしまいかねません。

そうした矜持を持ち、適切なディスクロージャーを行うことが求められているのです。

キーワード
粉飾決算、ディスクロージャー、経営上のリスク、社会の公器、不正会計

Chapter8 会社の数字を正しく読みとる

Basic

073 会計方針に注意しながら 財務諸表を読む

財務諸表には 意思が反映される

解説

　アカウンティングを勉強したことのない人にありがちな思い込みは、財務諸表は完全に同じルールで作成されているというものです。実際にはそのようなことはなく、財務諸表といえども、多少の「許容範囲」とでもいうべき作成上の差異は存在します。

　そうした、法に則った微妙な作成上の差異を会計方針といいます。この会計方針として、何を採用するかに経営者の意図が現れることがあります。

　たとえば90年代後半、経営危機にあった日産にゴーン氏がやってきた際には、減価償却の方法を定率法（費用化される額が最初は大きく、徐々に小さくなる）から定額法（毎年同じ額が費用化される）に切り替えることで、財務諸表上の利益を大きくしました。

これは前項で述べた粉飾決算ではなく、認められたルール上での変更であるという点がポイントです。財務諸表にはどの方法を用いているかが明示されています。ただし、多くの人はそうした注釈まで読み込むことは少なく、最終の数字しか見ないことが多いため、企業のそうした意図に気がつかないのです。

その他の注意すべき会計方針の差に以下のものがあります。

・売上の計上基準（工事進行基準など）
・たな卸資産の評価基準（原価法、低価法）
・たな卸資産の評価方法（先入先出法、移動平均法など）
・引当金の計上方法（退職給付引当金の将来予測支払額の算出の前提）
・税効果会計における将来の予測税率の前提

ワンモア・アドバイス

会計方針に沿っていても、毎年これらを企業が都合よく変更してしまうと、外部の人間からは非常にわかりづらいものになってしまいます。そこで、継続性の原則が定められ、「企業会計は、その処理の原則及び手続きを毎期継続して適用し、みだりにこれを変更してはならない」とされているのです。

キーワード
会計方針、減価償却方法、売上の計上基準、たな卸資産の評価基準と評価方法、引当金、税効果会計、継続性の原則

213

Chapter8　会社の数字を正しく読みとる

Basic

074　見える化することで
人々の関心を高める

人は測定されるものにしか
興味を示さない

解説

　Basic61 で、人間はインセンティブに非常に敏感に反応し、行動を変えるという話をしました。その前段階の話として、人間は測定されていないものにはあまり関心を払わないというポイントも押さえておく必要があります。関心は行動を起こす前の段階として非常に大事だからです。

　管理会計はもちろんのこと、ビジネスのさまざまな分野において、人々に**関心を持ってもらいたいものは測定し、可視化する**のが基本です。

　小学校の例で考えてみましょう。もし小学校でテストの成績は測定されているのに、遅刻回数や忘れ物回数が全く測定されていなかったらどうなるでしょうか。おそらく、正しい生活習慣を身につけてもらうという小学校教育の重要な目的を効果的に果たすことは難しくなるでしょう（特に親の関心

が弱い場合)。

　ビジネスでも本来測定しておくべき数字が測定されていないと、会社の生産性は上がりません。たとえば、顧客のリピート率が測定されておらず、誰もそれに関心を持っていなかったら、顧客満足度を上げ、効果的なマーケティングにつなげようと考える人間は減るでしょう。

　あるいは、工場の不良品率を測定していなかったら、会社のブランドイメージはどんどん下がっていってしまうはずです。

　企業としては、戦略遂行上重要な数値、いわゆる KPI は必ず測定すると同時に、それを可視化し、人々の意識をそこにむけることが必要不可欠なのです。

ワンモア・アドバイス

　いったん数字が測定されると、人間はそれほどのインセンティブがなくても行動を変えることがあります。たとえば、遅刻の回数や時間をしっかり測定し始めれば、明確な罰則などがなくても、人々は時間厳守を意識するようになります。可視化されることによる周囲の目によるプレッシャーは、人を動かす一つの武器になるのです。

キーワード
KPI（重要業績指標）、周囲の目によるプレッシャー

Chapter8　会社の数字を正しく読みとる

Basic

075　数字にすることで
　　　適切な手を打つ

測定できないものは
コントロールできない

解説

　管理会計のことをコントロール・システムとも呼びます。
物事を正しい方向に導き、かつそのための動機づけを行うこ
とを意識した呼び方です。その基本がこの言葉です。

　多少言い換えると、数字で測定できないものには、適切な
アクションを講じることができない、あるいは難しいという
ことです。

　財務数字と直結するような、もともと数字をとりやすい要
素は、当然ながらすぐに捕捉できる体制を敷くことが必要で
す。たとえば売掛金の回収期間や毎月の経費などです。

　一方で、組織文化のように、数値化しにくそうなものもあ
ります。しかし、こうした漠としたものでも、カルチャー
サーベイなどを行い、従業員にアンケートを行えば、実情は
把握できるものです。アンケートは一人ひとりのレベルでは

主観にすぎませんが、ある程度の数が集まれば、客観性が増し、十分にコントロールできるようになるのです。

もしアンケートの結果、「個々人の能力開発への取り組みが強い」という項目の点数が他項目よりも明確に低ければ、会社として魅力的な能力開発プログラムを提供したり、MBO（目標管理）の際に具体的な能力開発目標についても話し合うことを奨励したりすることで、能力開発に対する意識を高めることは可能でしょう。

そしてそれを毎年定点観測していけば、どのような施策が効果的だったかの判断もしやすくなるのです。

とはいえ、測定が難しい要素も存在します。日本の企業では3S（整理、整頓、清潔）が強調されることが多いのですが、職場のきれいさを納得のいく形で数値化するのは必ずしも容易ではありません。

どこまで数値化にこだわるのかは、費用対効果次第です。しかし、定性情報だけでもある程度コントロールできるものと、やはり工夫してでも数値化すべきものの見きわめは意識したいものです。

KPIは奇抜なものを考える以上に、経営にとって大事なものをしっかり定点観測し、その時系列変化を追うことが有効です。

たとえば顧客満足度を毎月測定していれば、ある月にそれが急に下がれば、何かしらの問題が生じており、アクションが必要なことがすぐにわかるのです。

キーワード
コントロール・システム、カルチャーサーベイ、MBO、定点観測、時系列変化

Chapter8 ● 会社の数字を正しく読みとる

Basic

076

PDCAを回すことが
企業価値向上につながる

PDCAは
あらゆるフレームワークを
包含する

解説

経営学にはさまざまなフレームワーク（枠組み）があります。たとえばマーケティングの4Pは、分析にも具体的な施策の立案にも用いることができる非常に有用なフレームワークです。しかし、それを用いたところで、何かをやったらやりっ放しというのではビジネスの結果は出ません。

まずは**分析を踏まえて計画を立て**（Plan）、実際にやってみて（Do）、**差異分析を行い**（Check）、**適切にアクションをとる**（Action）という**PDCAをしっかり回してこそ**、さまざま**なフレームワークは生きてくる**のです。それが冒頭の言葉の意味です。

「PDCAこそが最も破壊力のあるフレームワークである」といった趣旨のことを述べられる方も少なくありません。

企業は洗練されるにしたがって、以下のように進化していきます（厳密には中間レベルが存在しますが、割愛します）。

① 「D」だけ行っている
② 「P」と「D」を行っている
③ 「PDCA」を行っているが、部署や階層による差が大きい
④ 「PDCA」を全般に行っている
⑤ 「PDCA」を高速でタイトに行っている

　一番多いのは、②と③でしょう。①よりはマシですが、プロフェッショナルな経営とはいえません。問題が放置されているケースも多く、ムラがあります。企業としては、最低でも④のレベルくらいは目指したいものです。

ワンモア・アドバイス

　PDCAは入れ子の構造にあることも意識しましょう。どれだけ現場でPDCAが回っていても、肝心の経営レベルのPDCAが甘かったら意味がありません。
　時間軸やPDCAを回す手法（例：MBOや定例会議、緊急ミーティングなど）はさまざまですが、それらが互いに連携しながら組織として大小のPDCAを的確に回していくことが望ましい姿といえるのです。

キーワード
プロフェッショナルな経営、PDCAの入れ子構造、定例会議

Chapter 9

ファイナンス

企業価値の最大化を図る

企業価値の
最大化を図る

　前章のアカウンティング編、特に財務会計関連では、財務諸表の中でも損益計算書 (P/L) と貸借対照表 (B/S) にフォーカスしました。しかし、それらの数字も、多少意図的に変えることができるのは、Basic73 でも触れたとおりです。

　それゆえ、P/L と B/S だけを見ていたのでは、よほど注意をしないと、意思決定を誤ってしまいます。では、何を見ればそうしたミスを避けることができるかというと、現金、キャッシュです。キャッシュは基本的にごまかすことができないからです。

　ファイナンスでは、キャッシュをベースに考えるということに加え、金銭の時間的価値とリスクというものを重視します。極端にいえば、キャッシュフローの定義と金銭の時間的価値、そしてリスクが理解できれば、ファイナンスの基礎はある程度理解できたといえるのです。

　しかし、これらの概念を正しく理解しようとすると、多少数学的な素養が必要になります。ここでつまずく方が少なくありません。

　たとえば、ファイナンスの最も基本的なコンセプトである NPV（Net Present Value：正味現在価値）は、キャッシュフロー、現在価値、リスクが反映された概念ですが、最初に Σ（シグマ）という記号が出てきます。

数学があまり得意ではない人にとっては、一瞬、ひるんでしまうでしょう。割引率というものがべき乗でかかってくるというのも、慣れるまではピンと来ないかもしれません。

　しかし、ファイナンスは世界の共通語です。特に、東京株式市場やウォールストリートなどの金融市場や、投資銀行などの関係者は、これを前提に運営され、行動しています。

　前章で、「会計がわからない＝経営がわからないということだ」と書きましたが、ファイナンスがわからない＝金融について何も説明できません、世界で戦えません、といっているのと同じことなのです。

　本章では、詳細な数式までは持ち出しませんが、ファイナンスのエッセンスはビジネスパーソンの必修項目でもありますので、ぜひその意味をしっかり理解していただければと思います。

Chapter9 ● 企業価値の最大化を図る

Basic

077 現金がなければ
会社は回らない

キャッシュが
王様だ

解説

　実際の企業経営において、最後にものをいうのはキャッシュ(現金)です。会社の金庫の中あるいは銀行口座にキャッシュがなくなれば、会社の命運はそこで尽きてしまいます。

　キャッシュの重要性を示す例としてよく使われるのが、黒字倒産のケースです。

　法人向けのビジネスにおいて、どれだけ売上高が上がっていても、売掛金の回収が非常に遅く、会社に現金が入ってこなければ、仕入先への支払いもできませんし、従業員に対して賃金を支払うこともできません。結果、P/L 上は利益が出ていても、倒産に追い込まれることがあるのです。

　中小企業などでは、従業員の給与支払日である毎月の20日や25日、あるいは仕入先への支払いをしなくてはならない月末日などに、一気にキャッシュが減ります。

そこをなんとか資金繰りをしてしのぐことが、中小企業の経営者にとっては大事な問題なのです。

ワンモア・アドバイス

日々のキャッシュ、資金繰りにも注目をする必要がある一方で、ファイナンスでは事業性の評価などではキャッシュフローという概念を用います。

キャッシュフローにはいくつかの定義がありますが、最もよく使われている定義は図22のようになります。

実際にキャッシュが出ていかない減価償却費を足し戻したり、在庫や売掛金の変化によるキャッシュの増減を調整したりします。

▌図22 キャッシュフローの定義

$$CF＝純利益＋減価償却費－投資－\Delta 運転資本$$

- 運転資本＝売掛金＋たな卸資産－買掛金
- Δ運転資本＝運転資本の変化＝
  期末の運転資本－期初の運転資本

なお、NPVの計算など、プロジェクトの評価を行う際に用いる概念にフリーキャッシュフローがありますが、これは100％株主資本で資金をまかなった場合のキャッシュフローを指します。

キーワード
黒字倒産、資金繰り、キャッシュフロー、減価償却費、運転資本、在庫、売掛金、買掛金、フリーキャッシュフロー

Chapter9 ● 企業価値の最大化を図る

Basic

078 未来の金銭は、
現在の価値に割り引いて考える必要がある

目先のペニーは、
はるか先の
1ドルに等しい

解説

　ファイナンスの重要な概念に、金銭の時間的価値、そして
その考え方を用いて計算される現在価値があります。

　端的にいえば、1年後の100万円は、現在の100万円よ
り価値が低く、割り引いて考えなくてはなりません。はるか
未来の1ドルも、割り引いて考えれば、現在の1ペニー（0.01
ドル）と同じ価値ということです。

　なぜ未来の金銭を割り引いて考えなくてはならないかとい
うと、大きく二つの理由があります。

　金利とリスクです。昨今は超低金利ですから金利はほとん
ど無視しうるくらいの影響しかありませんが、0.2％程度の
金利の定期預金でも、100年預ければ1.22倍程度にはなり
ます。

　より重要な要素はリスクです（リスクの意味合いについて

は次項で詳述します）。

いま確実に手に入る 100 万円に比べると、来年 100 万円も らえる約束をしたとしても、そちらの方が価値が低いことは 直観的にもわかるでしょう。何かトラブルが生じ、その約束 が履行されない可能性があるからです。

ファイナンスでは、未来のキャッシュフローを予測し、そ れをすべて現在価値に割り引いて（割り戻して）考えるとい うことが基本であることは理解しておきましょう。

ワンモア・アドバイス

　未来の金銭を現在の価値（現在価値）に割り引く際に用い る、1 年分のレートを割引率と呼びます。ポイントは、割引 は複利計算で行う必要があるということです。

　割引率が 10％（0.1）の場合、1 年後の 110 万円の現在価 値は、110 万 ÷1.1 ＝ 100 万円となります。

　同様に、3 年後の 133.1 万円の現在価値は、133.1 万 ÷ $(1.1)^3$ ＝ 100 万円となります。

　割引率が 10％の時、以下の三つはすべて同じ現在価値 100 万円となるのです。

・現在の 100 万円
・1 年後の 110 万円
・3 年後の 133.1 万円

キーワード
金銭の時間的価値、現在価値、金利、リスク、割引率、複利計算

Chapter9 企業価値の最大化を図る

Basic

079

ファイナンスでのリスクの意味合いは
日常用語と異なる

スカイツリーの頂上から
飛び降りた時のリスクは
ゼロ

解説

ファイナンスでは、リスクという言葉を日常用語とは異な
る「不確実性」「(統計上の) バラつき」といった意味で用い
ます。そのイメージを端的に示す言葉が冒頭のもので、私が
昔から使ってきたものです（昔は、自宅のそばにあったサン
シャイン60といっていましたが)。

一般の方に「スカイツリーの頂上から飛び降りた時のリ
ターンとリスクはどのくらいでしょう」という質問をしたら
どのような答えが返ってくるでしょうか。

おそらく、「リターンなんてありえない。リスクはものす
ごく高くて、間違いなく死んでしまうだろう」といった答え
が返ってくるでしょう。

リターンという言葉は得られそうなメリットを指し、リス
クという言葉は危険性を指すのが一般的な用法だからです。

図23 リスクの考え方

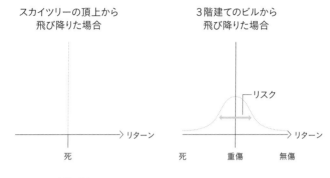

しかし、ファイナンスでは全く異なる考え方をします。リターンはマイナスプラスに関係なく得られる結果であり、リスクは統計的なバラつきを指します。

この考え方を用いると、スカイツリーの頂上から飛び降りた時のリターンは、007やルパン3世でもない限り、通常人の場合は「死」であり、そのリターンに関してはバラつきがないため、リスクはゼロになるのです。それを示したのが図23の左側です。

一方、図23の右側は、3階建てのビルから飛び降りた時のリターンとリスクを示しています。常識的に考えると、かなりの重傷を負うというのが最もありそうなパターンです。

ただし、このケースでは、運がよければ無傷ですむというケースもあるでしょう。その逆に、打ち所が悪く、死にいたるケースもありそうです。結果に無傷から死までのバラつきが生じる、つまり、かなりリスクは大きくなるのです。

「スカイツリーの頂上から飛び降りた時のリスクはゼロ。一方、3階建てのビルから飛び降りた時のリスクはかなり大きい」と聞いたら、多くの人は強く違和感を抱くはずです。

しかし、それこそがファイナンスでいうリスクの考え方であることはしっかり認識してください。

> ワンモア・アドバイス
>
> ファイナンスでは、株式のリスクを非常に重視します（ちなみに、国債をリスクゼロの資産と考えます）。
> それによってその企業の資金調達コスト（WACC）が変わり、割引率も変化するからです。
>
> ■図24 β の考え方
>
>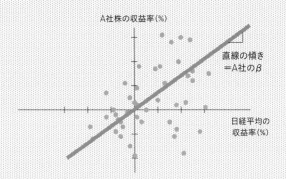
>
> 個別の株式のリスクの高低は、β という指標で表されます。これは日経平均などの値動き以上に株価が動きやすいか否かという指標です。
> 通常はある期間をとって図24のようにプロットし、回帰線を引きます。この例では、傾きが1以下ですから、日経平均よりも値動きは穏やかであり、比較的リスクの低い株式で

あるということがいえます。

　βが低くなるケースとしては、売上が景気や為替に左右されにくいガスなどの内需系公共サービスや、生活必需品ともいえる食品業界や医薬品業界などがあります。また、規制が強く、強い代替財もあまりない運輸業界なども売上は安定しているためβは低くなる傾向があります。

キーワード
リスク、リターン、不確実性、バラつき、β、資金調達コスト、WACC

Chapter9 ● 企業価値の最大化を図る

Basic

080
借入れを有効活用することで
企業価値が上がる

借金は
素晴らしい

解説

　ファイナンスの世界では、借金は有効に活用すれば、企業
価値を向上させるいいツールとなると考えます。

　借金のメリットとして以下のようなことが挙げられます。

1.　成長の機会をタイムリーに捉えることができる

　成長機会があったとしても、資金が足りないがゆえにその
機会を見逃さざるを得ないのはもったいないとしかいいよう
がありません。機動的な借金によりキャッシュをまかなうこ
とが、成長や将来的な競争力強化につながることは多いのです。

2.　節税効果により企業価値が上がる

　MM理論（企業にとって最適な有利子負債と株主資本の
バランスを研究する過程で提唱されたもの）によれば、法人

税が存在しない状況下では、有利子負債と株主資本のバランスは企業価値に影響を与えないことが示されています。しかし借金は利子費用を損金処理して法人税の負担を減らせるというメリットがあるため、借金の比率の高い会社は節税メリットを享受し、企業価値も上がるというのがファイナンスの考え方です。

アメリカでは、まさに企業価値を高めるために、借金をしてでも自社株買いを行うといったことが日常的に行われています。

3. 規律が生じる

適度な借金は、会社にいい意味での緊張感を与え、規律をもたらすことも指摘されています。

ワンモア・アドバイス

過度の借金は、いざ会社が不調に陥った時に支払利息が経営を圧迫するといったデメリットがあります。また、債権者がリスクの高い投資を嫌う結果、本来行うべき投資を見送らざるを得ないといった事態も生じます。そこで出てくるのが最適資本構成という考え方です。

つまり、節税効果の増加がこうしたデメリットの増加を上回る範囲で借金をするべきであり、結果として最適の有利子負債と株主資本のバランスが実現するという考え方です。

キーワード
企業価値、節税効果、MM 理論、最適資本構成

Chapter9 ● 企業価値の最大化を図る

Basic

081 ポートフォリオを組むことで
リスクを下げる

卵は同じ籠に
入れるな

解説

　ファイナンスではリスクのマネジメントが重要な意味を持ちます。その基本となるのが「一点集中」を戒めるこの言葉であり、その延長線上にある分散投資やポートフォリオといった方法論です。

　一つの籠にすべての卵を入れてしまうと、落とした時のダメージは大きいですが、いくつかの籠に分散させて持ち運ぶことで、リスクを低減できるのです。

　株式のケースで考えてみましょう。仮に円安の方が有利な株式ばかりを持つとどうなるでしょうか。実際に為替が円安になれば日経平均以上のリターンを期待できるかもしれませんが、逆に円高が進むととてつもないダメージを被る可能性があります。

　為替のリスクを極力避けたい人間であれば、円高でメリッ

トを得る銘柄と円安でメリットを得る銘柄を組み合わせて分散投資を行えば、為替がどちらに動いても効果が相殺される結果、リスクを小さくできます。実際に持つ銘柄の組み合わせのことをポートフォリオと呼びます。

この結果からもわかるように、通常、リターンの相関係数（同じ動きをする度合い。1からマイナス1の値をとる）がマイナス1に近い株式を組み合わせると、リスクは下がります。

また、ポートフォリオに入れる銘柄の数を増やすほど、リスクは下がっていきます。231ページで触れたβの低い株式を数十株組み込んだポートフォリオは、かなりリスクの低いポートフォリオとなります。

ワンモア・アドバイス

ポートフォリオを組むことでリスクは低減できますが、それには限界があります。なぜなら、リスクには株式固有のシステマティック・リスクの他に、景気や政情不安、天災など、すべての株式に影響を与えるアンシステマティック・リスクというものが存在するからです。

株式というリスク資産を持つ以上、そのリスクをゼロにすることはできないのです。

キーワード
分散投資、ポートフォリオ、相関係数、システマティック・リスク、アンシステマティック・リスク

新事業創造

Chapter10

企業存続の道であり、
経済成長の源

企業存続の道であり、
成長の源

　新事業の創出には大きく二つのパターンがあります。

　一つはすでに存在する企業の多角化による新事業への取り組みであり、もう一つはベンチャー企業による新事業創出です。

　前者は、企業が永きにわたり存続する上での条件となります。日本で断トツの時価総額を誇るトヨタ自動車も、もとは織機メーカーであり、新規事業として取り組んだ自動車事業が成功したからこそ現在の姿があります。

　米国のコダックが銀塩フィルム事業にこだわって倒産してしまったのに対し、富士フイルムがいまだに存在感を示せているのも、いち早くデジタル化に舵を切るとともに、化粧品といった飛び地的分野にも挑戦し続けている結果でもあります。

　ベンチャー企業は、その存在そのものが社会や経済の活力に結びつきます。アメリカでは、90年代以降に生み出された企業時価総額のかなりの部分をシリコンバレー発のベンチャー企業が占めています。

　日本はアメリカに比べると大企業志向が強いといわれることも多いですが、戦後にさかのぼれば、ホンダやソニーといったベンチャー企業がまさに日本の経済を牽引していきました。歴史をさらにさかのぼると、呂宋助左衛門や紀伊国屋文左衛

門は間違いなく偉大な起業家です。実は、ベンチャー精神は日本人のレガシーでもあるのです。

大企業の新規事業にせよ、ベンチャー企業にせよ、新しい事業が生まれてこないことには、経済は伸びませんし、社会は停滞していってしまいます。日本が再び輝きを取り戻すためにも、こうした取り組みがかつて以上に重要になっているのは間違いありません。

本章では、新規事業のアイデアを生み出したり、それを成功に導く上で役に立つ基本的な考え方を紹介していきます。

Chapter10 ● 企業存続の道であり、成長の源

Basic

082 まずはやってみることが
重要

完璧より、
やる方がいい

解説

　これはフェイスブックの CEO マーク・ザッカーバーグの
言葉とされます。同社の理念である "Hacker Way" の中に
も同じ言葉が現れます。

　趣旨はシンプルです。完全な計画を立て、あちこちに根回
しをして誰からも反対が出ないようにしてから物事を進める
のではなく、**とにかくやってみて、一定の成果を出す**。そこ
から**学習して完成度を高めていく**というやり方の方が、最初
からいたずらに長い時間をかけて完璧を目指すよりも、効果
的だし重要だということです。これは近年注目を集めている
リーンスタートアップのベースとなる考え方でもあります。

　リーンスタートアップでは、まずは最低限の要求を満た
す MVP（Minimum Viable Product）と呼ばれるプロトタ
イプ製品を作ります。そしてユーザーの反応から得られた

フィードバックをもとに、事業アイデアや製品スペックの改良・軌道修正を図っていきます。

　成功にむけて過度に大きな投資をするのではなく、最小限のプロセスを繰り返し、素早く学習をする点がポイントです。

　ところで、なぜ人間は完璧、あるいは完璧とはいわないまでも、最初からより高い完成度を目指すのでしょうか？　典型的な理由として以下が考えられます。

・失敗すると人事考課上マイナスなので、それを避けたい
・完成度の高い計画がないと進める際に不安を感じる
・反対者が多い段階で進めると、トラブルが起こった時に収拾しにくくなる

　このように考えると、最初から完璧を目指すというのは人間の性ともいえそうです。しかし、新事業は基本的にわからないことだらけです。やってみて初めて発見する事実も多いでしょう。そう考えると、新事業については、完璧な計画や根回しなどはあり得ないのです。

　特に不確実性が高い現代においては、その傾向は一層高まっているといえます。商材や事業の特性にもよりますが、スピード重視で「まずはやってみる」という姿勢が、現代では成功に結びつきやすくなっているのです。

キーワード
マーク・ザッカーバーグ、Hacker Way、リーンスタートアップ、MVP

Chapter10 企業存続の道であり、成長の源

Basic

083 イノベーションは
難しいからこそ工夫が必要

早く、
低コストで
失敗しろ

解説

　大きな設備投資など多額の投資をしてから失敗が判明する
というのでは企業にとってダメージが大きすぎます。特にイ
ノベーティブな製品開発や事業開発については、失敗のコス
トが高すぎるとイノベーションへの挑戦の回数が限定される
ことにもつながりかねません。

　冒頭のフレーズは、それを避けるべく、失敗をするならな
るべく早く、かつそれほど投資もしていない段階でする方が
いいという趣旨のものです。前項で紹介したリーンスタート
アップにもつながる考え方です。

　リーンスタートアップは、成功への時間を短縮すべく「早
く」を特に重視しますが、「低コストで」も実現できれば、
全くの失敗だったとしても、次なるイノベーションに挑戦す
る時にも予算的な制約がかなり緩和されるのです。

たとえば医薬品の開発は、数十億円、数百億円も開発費を
かけた挙句、開発プロセス後半の臨床試験の段階で失敗（重
篤な副作用）が見つかることが少なくありません。

これでは非効率的ですから、医薬品メーカーは、開発初期
の段階でそうした副作用を引き起こしかねない不適切な候補
化合物を排除する技術をいろいろと模索しているのです。

ワンモア・アドバイス

実務的に難しいのは、実際に失敗したのか、それとも工夫
すればまだ成功できるのかを見きわめることです。

リーンスタートアップに対する批判の一つに、「安易に諦
めてしまい、すぐにピボット（方向転換）する」というもの
があります。ピボットは確かに必然として行わなくてはなら
ない場合もありますが、安易にピボットばかり繰り返してい
ると、かえってスピードも削ぎますし、無駄にコストが膨ら
んでしまう可能性も高まります。

完全な失敗であれば判断は容易なのですが、現実は往々に
して微妙な状況に陥ります。

そうした時に、微調整で前に進むのか、それともやはりピ
ボットして新しい道を探るのか——これについてはまだ決定
的な方法論は確立していません。新事業推進者としては、ま
さに考え抜く必要がある場面なのです。

キーワード
イノベーション、失敗のコスト、ピボット

Chapter10 ● 企業存続の道であり、成長の源

Basic

084
大をなすには
多くの人を巻き込む必要がある

早く行きたいなら
一人で、
遠くへ行きたいなら
みんなで行け

解説

　どのようなビジネスも一人でできることには限界があります。ただ早くやるだけなら気心の知れた少人数でやる方が、スピーディに進むでしょう。しかし、会社や社会に与えるインパクトは限定的なものになってしまいます。

　大きな価値を生んだり、大きなインパクトをもたらしたいのであれば、多くの人を巻き込まなくてはならないのです。

　では、どうすれば多くの人を巻き込むことができるのでしょうか。典型的なポイントは以下のようになるでしょう。

1. 魅力的なビジョンを描く

　多くの人を引き寄せる第一の条件は、ワクワクするようなビジョンです。ビジョンは単なる夢（ドリーム）とは異なり、「やりたいこと」「やれること」「社会から求められていること」

が高い次元で満たされた、具体的な像です。そのビジョンを語った時に、「自分も参加したい」「この人を応援したい」と思ってもらえるようなものを作り上げることが必要です。

2. ビジョン実現への筋道を描く

これは現実的な戦略を描くこととも言い換えられます。前例のない事業になればなるほど、その道のりである戦略を精緻に語ることは難しくなります。

しかし、ラフスケッチでもいいので「こうすればこのビジョンを実現できる」という戦略を、可能であれば人々の頭に残るようにストーリー仕立てで語ることが、多くの人々を刺激するのです。

3. 魅力的なマネジメントチームを構築する

ビジョンや戦略だけでは人は寄ってきません。新事業を推進するマネジメントチーム（ベンチャー企業では経営チームのこと）のメンバーの人間的魅力も必要になってきます。「この人（たち）と一緒に何かをしたい」と思わせるものが必要です。

もし起業家などがそこに自分自身の限界を感じるのであれば、そうした魅力を持った人材をパートナーとして呼ぶといったことも検討すべきです。

キーワード
ビジョン、ストーリー、マネジメントチーム

Chapter10 ● 企業存続の道であり、成長の源

Basic

085 頭ごなしの否定はNG

Noというな
Howと聞け

解説

　これは「ポストイット」に代表されるユニークな製品開発やイノベーションの多さで名高い3Mで用いられているフレーズです。

　部下から新しい製品アイデアなどが出てきた時に、「それは無理だと思う」と最初からノーといってしまうのでは、部下のモチベーションも下がってしまいますし、次に新しい提案をしようという意欲も湧きません。

　そこで同社では、多少難しそうな案件であっても「どうやったらそれが実現できると思う？」というように聞くことが奨励されているのです。

　こう聞き返せばモチベーションが下がることもありません。部下の方も、もし行けそうだと思えば創意工夫するでしょうし、やはり無理だと感じれば、それを諦め、また別のアイデ

アを考えるようになるでしょう。

　質問で部下とコミュニケーションすることはコーチング（Basic53 参照）にもつながりますから、いろいろな意味で部下の能力開発を促すことにもなるのです。

　ただし、これを他の会社であらゆる管理職ができるかというと難しいものがあります。いわゆる「頭のいい上司」ほど先が見えてしまい「ノー」と言ってしまうものです。そこをどれだけこらえて相手に考えさせるかがカギです。

　なお、最も避けるべき答え方の一つは、「前にやって失敗したからダメだ」というものです。当時とは状況が変わっているかもしれませんし、前回は単にやり方がよくなかっただけかもしれません。

　それにもかかわらず「前にやって失敗したから」と最初から否定してしまっては、上司への信頼そのものを削いでしまう可能性も高くなってしまいます。

「失敗こそ最善の教師」という言葉もあります。過去に失敗したという情報を伝えること自体が悪いわけではありません。

　どれだけそこから学び、次につなげることができるかが、企業の競争力につながっていくのです。

キーワード
3M、失敗こそ最善の教師

Chapter10 ● 企業存続の道であり、成長の源

Basic

086
数が揃えば
「当たり」が含まれる可能性も上がる

量は質に
転化する

解説

　ビジネスのアイデアは、すべてが実行されるわけではありません。市場の魅力度（潜在規模や成長率、儲けやすさなど）や、実際に勝てる可能性、自社のビジョンや経営理念との整合性を勘案しながらスクリーニングをかけ、最終的に一つあるいはいくつかのものに絞り込むのが一般的です。

　その際、もともとのアイデア数が少なければ、そこに「当たり」ともいえるすぐれた案が含まれる可能性は小さくなります。逆に、ある程度数が揃えば、そこに「当たり」が含まれる可能性が上がる点がポイントです。

　アイデアを多く集める方法論には以下があります。

・ブレーンストーミング（ブレスト）を行う。可能であれば、
　バックグラウンドの異なる人間も交える（Basic99 参照）

図25 量は質に転化する

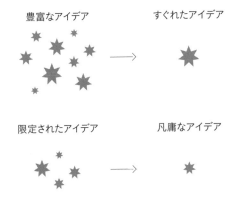

- 強制的にアイデア出しをしてもらう。1人最低15個などの条件をつけると数は担保される。ただし、いい加減に考えられては効果が下がるので、何らかのインセンティブを設けたり、ゲーム感覚を導入するなど、真剣に取り組んでもらうための工夫を盛り込む
- 消費者など外部からもアイデアを募る

アイデアをふるい落とすのは簡単ですが、キラリと光る「原石」を考え出すのは容易ではありません。

だからこそ、こうしたやり方で数を確保することが、最終的に選ばれたアイデアの質を高めることにつながるのです。

キーワード
市場の魅力度、経営理念、スクリーニング、ブレーンストーミング

Chapter10 企業存続の道であり、成長の源

Basic

087 粘り強く考えることが
差別化につながる

5分で考えつくことは、
ライバルも5分で考えつく

解説

　人は、誰も過去に思いついたことのない内容をいきなり想
像することはできません。いいアイデアを思いついたとして
も、それはもう誰かが思いついたアイデアであったり、事業
化されていたりということは多々あります。特に、比較的安
易に思いついたアイデアはその傾向が強いものです。

　冒頭の言葉は、私が新事業開発系のクラスなどでよくいう
言葉です。同じ業界に所属しているライバル社員がいたとす
ると、自分がすぐに思いつくようなアイデアは、彼／彼女も
すぐに思いつくものです。

　では、ライバルが思いつかないようなアイデアをひねり出
すにはどうすればいいのでしょうか。その一つの方法が、組
織として数を担保するという方法論です。そしてもう一つの
方法は、「ここまで考え抜いたのは世界で自分だけだ」と思

えるくらいに、徹底的に思考投入することです。

　現実に「ここまで考え抜いたのは世界中で自分だけだ」ということを検証することはできません。しかし、考えが行きづまったところでもう一粘りしてさらに考えを深めるからこそ、他者が思いつかないようなアイデアや方法論が生まれてくるのです。

　文章を考えるのに効率的なシーンとして「三上」（馬上、枕上、厠上）という言葉があります。現代であれば車の中、ベッドの中、トイレの中といったところです。

　ビジネスアイデアも同様です。そうしたシーンも含めて、緩急もつけながら、考え抜く粘り強さこそが、ライバルが思いつかなかったような新しいビジネスを生み出すのです。

ワンモア・アドバイス

　システマチックにアイデアを出す方法論として、SCAMPER（Substitute、Combine、Adapt、Modify、Put to other uses、Eliminate、Rearrange）やマンダラートなどの手法もあります。これはグループでも活用できる方法ですが、効果的に思考を広げたり深めたりできます。コンセプトは有名でも実践している人や企業は少ないので、一度自分でやってみるのは有効でしょう。

キーワード
思考投入、SCAMPER、マンダラート

Chapter10　企業存続の道であり、成長の源

Basic

088

モノはビジネスモデルの
一部にすぎない

モノではなく
コト作り

解説

「日本人あるいは日本企業はモノを作るのはうまいけど、ビジネスを作ってそこで勝つのは下手だ」というコメントを聞かれた方も多いでしょう。それに対するアンチテーゼとしてよくいわれるようになったのがこのフレーズです。

つまり、いいモノを提供するだけでなく、ビジネスそのものを構想し、その中心に日本企業が位置どることが大事だということです。

iPhoneというすぐれた製品を武器にしながらも、その周りにエコシステム（生態系）をつくり、ユーザーにさまざまな便益、「コト」を提供して高収益を上げているアップルが一つのモデルだという方もいます。

現実的に世界を席巻した日本の産業をあらためて思い起こしてみると、自動車やコピー機、電子部品など、ほとんどは

図26 ビジネスモデル

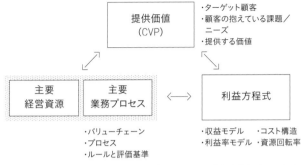

出所：マーク・ジョンソン『ホワイトスペース戦略』(CCCメディアハウス)
クレイトン・クリステンセン他「ビジネスモデル・イノベーションの原則」
『DIAMONDハーバード・ビジネス・レビュー』2009年4月号

品質とコストパフォーマンスで勝った製造業の製品が占めています。

しかし、このビジネスモデルだけでは、行きづまることは目に見えています。

かつて日本が世界市場を席巻したDRAMは見る影もなくなってしまいましたし、日亜化学がリードしていた青色LEDも、コスト競争力に勝る新興国企業に追い上げられて、いつまで優位性を維持することができるかは不明です。

サービス業では、マクドナルドやスターバックスといったアメリカ発のビジネスがグローバルに規模化を進め成功しましたが、日本のサービス業がそこまで世界に広がった例はありません（公文教育研究会など健闘している企業は存在しますが）。

こうした中で、日本企業はどのように考えていけばいいのでしょうか。

まずは、ビジネスモデルの考え方を改めて理解することです。

　つまり、どのような顧客に対してどのような価値を提供すべきかというCVP（Customer Value Proposition）をしっかり押さえ、それに合わせてその提供方法や利益の上げ方を考えていくということを、俯瞰的な視点を持ちながら行うのです。

　ポイントは、マーケティング編のBasic33でも触れたように、顧客の根源的なニーズを改めて理解することです。単**にモノを売る、サービスを売るという発想から脱却し、顧客にどのような嬉しさを提供すればいいのか」を徹底的に考える**ことです。

　その上で、日本企業にありがちな自前主義を捨て、アライアンスを活用し、効果的なエコシステムを作り上げることが大事です。エコシステムの多様な構成員の関心を知り、彼らが相互協力したり切磋琢磨したりする環境を作ることが、良きエコシステムの条件となるでしょう。

　日本企業では、まだ途上ではありますが、「楽天経済圏」構想を掲げ、グローバルにも展開しようとしている楽天にそうした発想が見てとれます。

　また、「金融は、本来、電気やガスと同じ公益剤だ。だれもがそれを使えるものである」という発想に立ち、M&Aなども通じてグローバルな金融プラットフォームになろうとしているマネックスグループも、単なるサービス提供からの脱却を志しています。

　どうすれば世界に対して価値のある「コト」を提案できる

かは、当面、日本企業に突きつけられた大きな課題であり続けるでしょう。

キーワード
コト作り、エコシステム、ビジネスモデル、CVP、俯瞰

Chapter10 ● 企業存続の道であり、成長の源

Basic

089　儲けのメリハリを
　　　しっかり考える

寿司屋とは、
寿司で客寄せして
酒で儲ける飲食店である

解説

　前項で示したビジネスモデルの中で、「儲け方」を示すの
が利益方程式です。

　利益方程式や利益モデルなどと聞くと、「広告モデル」や
「フリーミアム」（多くの顧客には無料で利用してもらい、一
部ユーザーに有償版を買ってもらう）といった特徴的な課金
方式をイメージされる方も多いかもしれません。

　しかし、そうした特徴的な方法論を考える前にしっかり
検討したいのが、「どこで損を出してもよくて、どこでしっか
り儲けるのか」「トータルとしてどのように利益を上げるのか」
ということです。

　冒頭のフレーズは、そうした儲けのメリハリを考える必要
性を示すために私がよく使う事例です。

実際に多くの寿司屋を見てみると、大トロのような高級ネタは儲かりません。価格も高いですが、それ以上に原価が高いからです。また、寿司についていえば、職人さんを採用したり育成する費用もかかります。

ネタの仕入れの手間暇もかかりますし、廃棄ロスも生じます。寿司ネタでは、利益額こそ低いものの、儲かっているのは納豆巻きや玉子、ゲソというケースが大半です。

その点、アルコールはきわめて利益率の高い商材です。ビールの中瓶であれば300～400円程度の粗利が簡単に手に入ります。手間暇もほとんどかかりませんし、熟練の技も不要です。せいぜい「冷やす」という付加価値をつけるだけで、これだけの利益が得られるのです。

我々消費者は寿司屋というと「寿司を食べるところ」と考えます。しかし、利益方程式の観点から見れば、寿司（特に高級ネタ）は客寄せであり、実はアルコールで大きく稼ぐ店なのです。

新しいビジネスを構想する際に陥りがちな罠は、あらゆる商材、あらゆる顧客で満遍なく儲けようということです。

そうではなく、こうしたメリハリを適切につけることが、実はトータルとしての収益性確保には有効であるということを意識してください。

キーワード
利益方程式、利益モデル、広告モデル、フリーミアム、課金方式

Chapter10　企業存続の道であり、成長の源

Basic

090　「2位ではダメ」な
　　　ビジネスがある

Winner Takes All

解説

　ビジネスにはさまざまなタイプのものがあります。たとえ
ば分散型事業と呼ばれる、競争変数の多い事業では、地元密
着の一店舗だけでも十分に利益を確保できたりします。不動
産業などがその典型です。

　その一方で、世界レベルでナンバー1、あるいはかなり上
位にならないと儲からない事業も存在します。そうしたビジ
ネスでよく言及されるのが冒頭のフレーズであり、とにかく
市場トップになることが、戦略上最重要視されます。

　典型的なのは以下のタイプのビジネスです。日本企業がグ
ローバルで苦戦している分野でもあります。

1.　ネットワーク型 IT ビジネス

　SNS などがその典型です。ここでカギとなるメカニズム

がネットワークの経済性です。これは、ユーザーが増えるほ
ど、他のユーザーの便益も上がるという現象です。

2. デファクトスタンダードが存在するビジネス

　かつてのパソコン向けの OS、Windows が勢威をふるっ
た頃のマイクロソフトが典型です。アプリケーションなども
ユーザー数が多い Windows 上で動くことを前提に作られま
したから、ますます Windows が便利となり、それがまた多
くのユーザーを獲得するという好循環となりました。

　この二つのタイプに共通するのはネットワークの経済性と、
IT 系のプラットフォームであるという点です。
　プラットフォームとは、他のプレイヤーが提供する製品や
サービスの共通基盤となるようなビジネスのことです。著名
なプラットフォームの例としては、検索というレイヤーを
押さえた Google や、電子書籍における Kindle、iPhone の
App Store などが挙げられます。
　一度利便性の高いプラットフォームを構築し、ユーザーを
囲い込むと、ユーザーや補完者（DVD プレーヤーに対する
DVD ソフトのような、お互いに便益を与え合う関係）がま
すます集まってくるため、その地位は盤石のものとなり、き
わめて高い収益性を享受することができるのです。

キーワード
ネットワークの経済性、デファクトスタンダード、プラットフォーム、補完者

Chapter10　企業存続の道であり、成長の源

Basic

091

起業家精神は
一部の限定された人々に固有のものではない

アントレプレナーシップは
学べる

解説

　これは、『20歳のときに知っておきたかったこと』（CCC
メディアハウス）の著者としても有名で、スタンフォード大
学においてさまざまな先進的なプログラムを開発し、起業家
を実際に生み出してきたティナ・シーリグ教授の言葉です。

　新事業創出をする人間、特にベンチャー起業家は特殊な存
在であり、持って生まれた性分や才覚による部分が大きいと
考えてしまいます。しかし、近年の研究によれば、アントレ
プレナーシップ（起業家精神）も、リーダーシップ同様、ス
キルや行動特性の集合体であり、ある程度は後天的に学びう
るものであることが示されています。

　シーリグ教授によれば、アントレプレナーシップは以下の
ようなステップで開発されていきます。

1. 想像力を働かせ考える

この段階ではまだ熱い情熱は必要ありません。

2. 創造性を熟させる

いいアイデアが湧き、創造性が熟してきたら、モチベーションも生まれ、さまざまな実験に挑戦するようになります。

3. イノベーションに挑戦する

キーワードは「フォーカス」と「リフレーム」です。集中すべきものを見つけ、物事の捉え方を変え、新しい方法論を考えるのです。

4. アントレプレナーシップを発揮する

ここでは、逃げずに取り組む粘り強さと、周りの人間を巻き込むことが重要となります。これ以前のステップを正しく踏んでいれば、内発的な動機は十分に高まっているはずですから、このステップを乗り越えることも容易になるというのがシーリグ教授の主張です。

新事業創出をできるのは一部の人間であるという思い込みは、多くの人をチャレンジから遠ざけてきたように思います。正しいプロセスを知った上で、徐々に内発的動機を高めていけば、誰でもアントレプレナーシップを発揮できるというのは、非常に勇気づけられる考え方といえるでしょう。

キーワード
ティナ・シーリグ、想像力、創造性、内発的動機、フォーカス、リフレーム

Chapter10 ● 企業存続の道であり、成長の源

Basic

092
経営資源は
その気さえあれば手に入るもの

制約は
自分だけ

解説

　大きなビジネスをつくった起業家と、小さくまとまった起業家の差は何でしょうか。

　後者は、「この程度までしか無理だろうな」「ここまでいければ十分」と自分から成長の限界に枠をはめる傾向があります。ましてや既存企業内の新規事業であれば、予算や人員の制約というものを意識しますから、ますますその傾向が強くなります。

　ただ、これではビジネスはなかなか大きくなりません。

　ハーバード・ビジネススクールをはじめとする、起業家輩出で著名なビジネススクールでは「資源に制約されないマインド」を持つことが強調されるといいます。

　つまり、現状の経営資源を前提に考えるのではなく、いったんそれは頭の中から除き、アイデアを温め、壮大なビジョ

ンを描くのです。そして、そこで不足する経営資源は新しく集めればいいという発想です。

これは特にベンチャー起業家には必須の考え方ですが、企業内の新規事業担当者であっても、社内に現在存在している経営資源に制約されずに大きな絵を描くというのは非常に重要なポイントです。

日本でもかつてに比べれば人材の流動化は進んできましたし、お金も投資先に困っている状況ですから、魅力的な事業であれば調達しやすい環境が生まれてきています。

結局最大の制約は、自分自身の発想の狭さや志の低さということになります。

「志」というとやや精神論的な印象を持たれる方もいらっしゃるかもしれませんが、成長や目標達成に対する貪欲さを生み出すのも、逃げない心や粘り強さを生み出すのも、元をたどれば結局は志に行きつきます。

前項でも紹介したようなプロセスも意識しながら、徐々に内発的動機を高めつつ、大きく高い志を徐々に醸成していくことが新事業の創出においては非常に重要なのです。

キーワード
資源に制約されないマインド、人材の流動化、志

交渉・説得・会議

Chapter11

コミュニケーションによって生まれる価値

コミュニケーションによって
生まれる価値

　交渉の場に臨んだり、誰かを説得したり、会議に出席したりということは日常ありふれた行為です。そのような場で適切な行動がとれなかったらどういった不都合が起こるでしょうか。

　交渉であれば、自社にとって不利な条件を受け入れてしまうと、自社の利益が下がってしまいます。それは自社にとってマイナスになってしまうだけではなく、会社の中におけるあなたの評判を下げてしまうことになるでしょう。

　本来説得できる相手を説得できなければ、これも組織としての生産性を下げてしまいます。社外の人間であれば、コスト増に結びつくかもしれませんし、社内の相手であれば、これもあなたの評判を下げてしまうかもしれません。

　逆にいつもすぐに安易に説得されてしまうような上司だと、「うちの上司はすぐに丸めこまれてしまう」など、部下からの信頼も失いかねません。

　会議を適切に運営できないことのデメリットも大きなものがあります。会議は多くの人間の時間を拘束してしまう性質があるからです。その機会費用(その時間で出せた別の成果)は、足し合わせると非常に大きくなります。会議は参加者のコミュニケーション力を磨く場でもありますので、その運営がプアだと、結局は対外的な交渉や説得の場にも悪影響が出

る側面もあります。

　こうした落とし穴はどれも避けるべきものです。ただ、多くの企業では、生産性を意識することもなく、こうした行為が行われているのが実態です。

　最終章となる本章では、こうした身近な活動の生産性を上げるヒントとなる基本を紹介していきます。

Chapter11　コミュニケーションによって生まれる価値

Basic

093
価値創造型の交渉こそ
いい交渉

Win-Win or
No Deal

解説

「Win-Win（お互いに幸せな状態）の結果にいたらないような交渉は、妥結しない方がまし」、本質的な意味合いとしては、Win-Win の結果を目指すような交渉を心がけよということです。

　交渉というと、「食うか食われるか」「こちらが損したぶん、あちらがメリットを得る、負けるわけにはいかない」といったメンタリティで望まれる方も多いでしょう。事実、そうした要素の強い交渉（価値分配型の交渉）も存在します。

　しかしいまは、**交渉相手を敵と見るのではなく、一緒に問題解決を行うパートナーと見なし、創意工夫して Win-Win の結果を得ることが望ましい姿**とされているのです。「タフネゴシエーターではなく、グッドネゴシエーターになれ」という言い方でこうした姿勢を強調される方もいます。

268

では、どうすればWin-Winの結果にいたることができるのか。これについては次項でも解説しますが、ポイントは争点（交渉のテーブルに上がる事項）の数を増やすことです。

たとえば、価格交渉において、争点が価格しかないと思いこむと、これは自分が損した分、相手が得をするという状況が生まれます。交渉も敵対的なものになるでしょう。仮に妥結したとしても、一方に不満が残る結果、両者の関係がぎくしゃくしかねません。

しかし、別の争点、製品の納期や支払い方法などを工夫することで、単なる価格交渉から脱却できれば、お互いがより納得できる妥結結果に近づける可能性が高まるのです。

売り手がキャッシュ化のタイミングについてこだわっていないのに対し、買い手が支払いのタイミングを少しでも遅くしたいと考えているのであれば、売買価格を多少高くする代わりに、支払いを半年の手形などにすることで、お互いの感じる効用を増すことができるかもしれないのです。

こうした結果は、対立型、価値分配型の交渉ではなかなか生まれてきません。

一緒に問題解決を行う価値創造型の交渉だからこそ、お互いが幸せな妥結結果となり、結果として事後の関係も良好なものにできる可能性が増すのです。

キーワード
価値分配型の交渉、価値創造型の交渉、Win-Winの妥結点、グッドネゴシエーター、争点

Chapter11　コミュニケーションによって生まれる価値

Basic

094

同じものに対しても
感じる価値は異なる

オレンジの
皮か中身か

解説

　この言葉は次のような寓話から来ています。

　姉と妹がオレンジをめぐって言い争いをしていました。お互いにオレンジがほしいと言い張るのです。そうこうしているうちに、鳥がそのオレンジを持ち去ってしまいました。

　その後、確認をすると、姉はケーキ用のママレードを作るためにオレンジの皮がほしかったのに対し、妹はオレンジが食べたいので、その実がほしかったということでした。

　ちゃんと話をすれば2人ともほしいものが手に入ったのに、それに気がつかなかった結果、2人ともオレンジを失ってしまったのです。

　現実の交渉は時間との戦いという側面もありますから、いかに早くお互いが重視しているものを見抜くかが重要なポイントとなります。

図27 ZOPAを創出する

　Win-Winの妥結結果を生み出す上でのセオリーは、「**自分は重視していないけれど相手が重視しているもの**」と、「**自分は重視しているけど相手はあまり重視していないもの**」をお互いに交換することです。

　こうすることによって、一見妥結範囲（これを交渉の用語でZOPA = Zone Of Possible Agreementといいます）が存在しないように見えるケースでも、妥結範囲が生じることがあるのです。

　図27の年俸交渉の例では、中途採用の人事部長が外向けの肩書に非常にこだわる一方で、会社はそれほどこだわっていませんでした。

　その結果、「名」を重視する人事部長は、「Chief HR Officer 兼 Chief Leadership Officer」という見栄えのいい肩書を得たことで満足し、妥結範囲が生じたのです。

　このケースでは、話を単純化するために年俸以外の要素は

一つだけを示しましたが、実際には、さらにたくさんの争点があるでしょう。勤務時間や権限、任される仕事内容、ストックオプションなどです。

　こうした争点については、先述したように、「自分は重視していないけれど相手が重視しているもの」と、「自分は重視しているけど相手はあまり重視していないもの」をお互いに交換することができれば、妥結範囲は大きく広がっていくのです。

ワンモア・アドバイス

　同じものをめぐってこのような価値の相違が生まれる典型例として以下のものがあります

・形式 vs. 実質……名をとるか実をとるかという場面です。
・経済 vs. 政治……たとえば、国際政治の場において、ある国は経済的実利を重視するのに対し、もう一方は国内政治のプレッシャーから名称にこだわるなどです。
・対内 vs. 対外……たとえば、CEO と COO が対立した時、対外的には CEO が前面に立ち、対内的には COO が責任を負うなどして責任範囲を分担し、お互いに顔が立つ状況を作ることがあります。
・象徴 vs. 実際……上記の例で、一方は象徴的な存在として行動するのに対し、もう一方は実務を取り仕切るといった分担も考えられます。

　実例では、（やや複雑な構造にはなりますが）たとえば1970年の日米繊維交渉の妥結があります。

　当時は1972年に予定されていた沖縄返還も絡んで日米関

係は非常に緊張していました。繊維交渉の結果いかんでは、沖縄問題への悪影響も考えられます。

こうした中、日本はアメリカの要求をほぼ飲む形をとりました。その代わり、2000億円という巨額の補助金を国内の関係業者に補填する形でこの問題に決着をつけたのです（この妥結案を主導したのは当時の田中角栄通産大臣です）。

結果として、アメリカ側は繊維問題に関して経済的なメリットを得て、日本はアメリカとの緊張緩和という政治的なメリットを得たのです。

キーワード
ZOPA、形式 vs. 実質、経済 vs. 政治、対内 vs. 対外、象徴 vs. 実際

Chapter11 ● コミュニケーションによって生まれる価値

Basic

095　高い目標を持てるか否かが
　　　交渉結果を左右する

目標値の高さが
合意レベルを決める

解説

　何事も最初の目標設定レベルが高い方が最終的な結果も高くなるものです。しかし、この基本は意外に忘れてしまいがちです。

　交渉に慣れた人間ほど、「落とし所」が早く見えてしまうものです。交渉は準備が命ですから、落とし所（妥結点）を想定すること自体は決して問題はありませんし、むしろしっかり想定すべきです。

　ただ、この時、低い妥結点を想定してしまうと、結果も結局は低いものになってしまいます。特に、相手が自社に比べると大企業などで、気後れしてしまう場合は落とし所も低いものを想定してしまいがちですが、状況は正しく理解しつつも、目標値を高く持ち、安易に低い妥結点で合意してしまわないことが必要です。

高い目標値を持つためには、以下を意識すると有効です。

1．交渉は、問題解決のために行う共同作業

交渉を問題解決のための作業と考えれば、目標の高さは貪欲さの現れではなく、高い Win-Win の結果をもたらす、望ましい行為だと考えやすくなります。

2．会社の代表であるという意識

謙虚さや控え目さは、個人としては美徳になりえることもありますが、会社の代表として交渉に臨むビジネスパーソンにとっては、必ずしも好ましいとはいいきれません。会社の代表者と一個人は違うのです。会社の代表者であるという自覚を持ち、役割として目標を高く設定するということも、特に常日頃譲りがちな人は意識すべきです。

3．志を高く持つ

自分自身の志を改めて高く持つことも必要です。人間は経験を重ねるとよくも悪くも角がとれ、自分の将来像もなんとなく見えてくるものです。そうした中で、最初の志（健全な野心といってもいいでしょう）を忘れ、自分をストレッチすることを怠ってしまいがちです。安易に流されるのではなく、「自分はもともと何をしたかったのか？」「後世に何を残したいのか？」などを自問することで自らを鼓舞し、もう一度高い志を思い起こすことが望まれます。

キーワード
目標設定、落とし所

Chapter11 ● コミュニケーションによって生まれる価値

Basic

096 説得の三つのレバーを
使い分ける

感情、規範、利得

解説

　人を説得する際のレバー（梃子）となるのがこの三つです。この三つを相手の状況も見ながら使い分けると、説得の効率は上がります。なお、規範は「○○たるもの、□□をすることが望ましい」といった大義や美意識のことであり、利得は金銭もしくは金銭に換算しうる損得勘定を指します。

　図28からもわかるように、感情は他の二つと若干位置づけが異なります。

　相手の情動に訴えかけて説得を行う上での武器とすることも可能ではありますが（泣き落としなど）、ビジネスの場で多用できるものではありません。通常は、感情は相手を落ち着ける、あるいは説得に応じてくれる土台作りのために用いる程度に抑える方が現実的です。

　その上で、規範もしくは利得で相手を動かします。世の中

図28 説得の三層構造

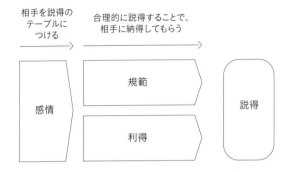

には大義や美意識で動く人間もいれば、やはり利得を重視して動く人間もいます。

前者は、社長が取締役に辞任を打診する際に、「きれいに去るのが上に立つ者の身の処し方だ」「長年尊敬されてきた人間が、最後に醜態をさらすべきではないだろう」などと説得するイメージです。

実務的には、前者を後者と勘違いすると感情を害することになるので、まずは規範で説得できないかトライし、それで反応が薄いようなら利得を持ち出す方が適切です。

もちろん、適度にバランスさせることも有効ですので、その可能性も探る必要はあります。

いずれにせよ、事前に相手の人となりを調べておくことが非常に大事かつ有効なので、ぜひ励行してください。

キーワード
説得のレバー、大義、美意識、損得勘定、説得の三層構造

Chapter11 ● コミュニケーションによって生まれる価値

Basic

097 「影響力の武器」から
身を守れ

返報性と
一貫性に
注意せよ

解説

　返報性と一貫性は、ロバート・チャルディーニが『影響力
の武器』の中で示した6つの影響力のうち、交渉や説得の
場面で特に意味を持つ影響力です。これを武器として用いる
人間が多いので気をつけるべし、というのがこの言葉の趣旨
です。

　返報性とは、人に何か施しを受けたら、お返しをしなくて
はいけないと考える人間の性向を指します。「借り」がある
状態は気持ちが悪いのでなるべく解消したいと考える人間の
性向ともいえます。

　返報性の怖いところは、「借り」が実在しない架空のケー
スでもそれを感じてしまうことです。「いやあ、上司を説得
するのにかなり骨が折れましたよ」などといわれれば、多く
の人は相手に「借り」を作った感じを抱くものです。

一方、一貫性とは、一貫した立場をとる人間と周りから見られたいという人間の性向です。コロコロいうことを変える人間は、周りから信頼されないということに起因します。一貫性も非常に強く人間の行動に影響を与えます。

返報性と一貫性を利用した有名な交渉術や説得のテクニックが以下に紹介するものです。

1．ドア・イン・ザ・フェイス

これは返報性を利用した超有名テクニックです。ここではAとBの交渉を考えます。最初にAがBに対して過大な要求をします。たとえば、「50万円の寄付をお願いします」といった感じです。Bとしてはとても受け入れることはできないので、「さすがに無理ですよ」などと答えます。それを受けてAは、「では10万円でいかがでしょう」などと要求を下げます。

Bは、Aが要求を下げてくれたことに「借り」を感じ、多少その要求はまだ高いと感じていたとしても、その条件を飲んでしまうのです。往々にして、その下げた方の条件が、もともとAが狙っていた条件かもしれないのです。

2．フット・イン・ザ・ドア

これは一貫性を利用したテクニックです。ここでもAとBの2人を想定します。今度は、まずAが3000円の寄付をBに募ります。Bとしては、「3000円ならまあいいか」ということで気軽に応じます。そしてしばらくしてからAはBにこういいます。「Bさんは○○に非常に高い関心を持

たれていますね。すでに一度寄付もしていただきました。つきましては、あらためて1万円の寄付をお願いできないでしょうか」。

　気が強い人間であれば断ることもできますが、ちょっと気の弱い人間であったり、その寄付行為が別の人に公開されている場合には、一度自分がとった立場を変えることを逡巡し、相手の要望を受け入れてしまうのです。そして徐々にエスカレートする相手の要求を断れないまま、気がついたら数万円の寄付をしてしまう、ということになってしまうのです。

3.　ローボール

　これも一貫性を用いたテクニックです。このテクニックでは、まず、気軽に協力してもらえるような要求を飲んでもらいます。たとえば、AがBに対して、「ちょっとブレストをしたいから、15分時間貸して」というイメージです。

　この程度であれば、安請け合いするでしょう。問題はここからです。

　「ところで、そのブレスト、土曜の朝でもいい？」とAがいったとします。Bとしては、土曜日は休みたいので、本来は断りたいのですが、一度引きうけた以上、断りづらくなるのです。これは、周りに人がいる場合より顕著になります。そしてAはさらに畳みかけます。「ところで、こういう資料も用意してもらっていいかな？」

　もし最初に「土曜日の午前中にブレストをしたいので、資料を準備の上、15分ほど参加して」といわれていたら断っていたかもしれないのに、徐々に小さな要求を受け入れてし

まったため、最終的に大きな要求を飲むことになってしまったのです。

　これらのテクニックは、まずはこうしたものがあるというのを知っておくことが大事です。そして、「来た！」と感じたら、多少心に気後れする感じがあったとしても断固として断る、あるいは、相手に質問を返すことで、相手の不当性をえぐり出すなどが効果的です。

ワンモア・アドバイス

　ロバート・チャルディーニが指摘したその他4つの影響力の武器は以下になります。知らないうちに自分の行動に影響を与えている可能性があるので注意したいものです。

社会的証明：特に自分が自信を持てないことに関しては、多くの人の行動に従うという性向
好意：好意を持つ人間の依頼事などには応じてしまいやすいという性向
権威：権威のある、あるいは権威があると感じる人間からの指示には盲信的に従ってしまうという性向
希少性：希少なものには価値があり、それを得損ねたり失うことを避けたいと考える性向

キーワード
影響力の武器、ドア・イン・ザ・フェイス、フット・イン・ザ・ドア、ローボール、
社会的証明、好意、権威、希少性

Chapter11 ● コミュニケーションによって生まれる価値

Basic

098
社内の会議で相手をいい負かしても
何も得られない

議論の目的は
勝利ではなく
改革である

解説

　社内会議が、「戦いの場」となることがあります。A案支持派とB案支持派がぶつかって泥沼化し、最終的にはどちらかに決まったものの、皆がエキサイトしてしまって感情的になり、非常に後味の悪いものが残ったという経験をされた方もいるでしょう。

　ディベートであれば、勝ち負けを競うものですから戦いになっても問題はないのですが、社内の会議は本来「企業価値を向上させる」という同じ目的を持つ仲間同士のはずです。議論はやはり会社にとってよりよい方向性を打ち出すべきものでしょう。

　なお、この言葉はフランスの思想家、ジョセフ・ジュベールのものとされています（訳によっては「改革」ではなく「改善」として引用されるケースもあります）。

なぜ、人間は議論での勝利を目指してしまうのか。いくつかの理由が考えられますが、代表なものは以下のようなものでしょう。

1. 所属組織の利益代表になっている
2. 自分の不利になることは一切許容できない
3. 議論に負けると人格を否定された気になる。負けず嫌い

3. の負けず嫌いは別にすると、他のものは基本的に全社視点の欠如や、Win-Winのクリエイティブな解決策を模索する姿勢の放棄の現れです（Basic93、94参照）。

こうしたことが頻発する組織は、組織としての創造力もなく、決して競争力の高い組織とはいえないでしょう。

Win-Winのクリエイティブな案を生み出すのは確かに容易なことではありませんが、集合知（次項Basic99参照）が必要な場面であるともいえます。

特に高い立場の人間ほど、会議で対立が起きそうになったらそれを収め、全体最適になるような方向に議論を誘導することを心がけたいものです。

そうした姿勢が若手にも伝わり、組織の考え方を柔軟にすると同時に、仲間意識を醸成するからです。

キーワード
ディベート、利益代表、全社視点の欠如

Chapter11 ● コミュニケーションによって生まれる価値

Basic

099 集合知のパワーを
知る

「みんなの意見」は
案外正しい

解説

　このフレーズは、社会心理学者ジェームズ・スロウィッキー
の著書のタイトルをそのまま用いたものです。

　趣旨は、あるテーマに関して、ある程度の意見を持った多
様な人間が集まると、そこで生まれてくる平均的な見解は、
一人のエキスパートの意見よりも的を射ていることが多いと
いうものです。

　これはまさに集合知の力であり、会議を行うことのメリッ
トそのものでもあります。

　筆者はかつてコンサルティング業界にいましたが、コンサ
ルタントも最初はその業界について知識を持ち合わせていな
いということが多くあります。

　しかし、コンサルタントはクリティカル・シンキングに基
づく視点や他業界のアナロジーなども知っていますから、業

界についてくわしくなくても、議論をよりよい結論に導くことに貢献できるのです。

みんなの意見がそれなりに正しくなるためには、いくつかの条件が揃う必要があります。

- **多様性**：さまざまバックグラウンドからの意見が飛び交う
- **独立性**：他者からの影響を受けない
- **分散性**：各人がそれぞれの知識をベースに検討を行う
- **多様な意見を集約する仕組み**

これらが担保されていないコミュニティの意見、たとえば極端な思想の持ち主だけが集まるようなネットの場や、特定の思想の人間だけが集まった政治的な集会の意見などは、偏ったものになるので注意が必要です。

ただ、現実を考えると、むしろこの４つが担保されている議論の場の方がまれでしょう。

日本の大企業の典型的な役員会議の場合、多様性は性別や年代、国籍といった意味では必ずしも担保されてはいませんし、参加者に序列がある結果、独立性も普通は実現されていません。また、すべての参加者が発言できるかも疑問です。

集合知のパワーは非常に大きいですが、それをどのように引き出すか、企業としてはさまざまな試行錯誤が求められる場面といえるでしょう。

キーワード
集合知、多様性、独立性、分散性

Chapter1　コミュニケーションによって生まれる価値

Basic

100
生産的な会議は
基本を押さえるところから

会議の目的と
その貢献を
明示せよ

解説

　会議においてその目的を明らかにすることは基本的なこと
ですが、多くの企業では実行されていないことでもあります。
また、参加者の貢献（期待および実際の貢献）も通常は明ら
かにされていません。

　会議の目的についてはいうまでもないでしょう。本来であ
れば事前にアジェンダを共有し、意思決定すべき事項（さら
にはその重要度や優先度も含む）、情報共有のみの事項、そ
の他などを明確にしておくべきです。

　これらをしないと、会議の時間配分などのバランスが悪く
なり、本来決めなければいけないことが決まらない、あるい
は、じっくり時間をかけて討議すべきだった案件に議論の時
間を充てることができないなどの不具合が起きます。

　情報共有はなるべく事前に済ませ、当日は意思決定と意見

交換にフォーカスするというやり方を工夫しているところも
あるようです。

一方、貢献についてはアジェンダでも明確にされていない
企業が多いのではないでしょうか。ここで言う貢献には、事
前準備と会議における貢献の両方が含まれます。

事前準備はまだ意識されている方かもしれません。「この
資料は○○部門で準備のこと」といった案内です。

人間は多忙になるほどちょっとしたアサインメントは忘れ
るものですから、前回の会議の議事録、あるいは次回の会議
のアジェンダに、そうした準備責任は明確にしておくべきで
す。

会議中の貢献については、それを文書化する必要性がある
ケースの方が少ないでしょう。

しかし、重要な会議になれば、誰が何をいったかというこ
とも大事になる場面があります。どこまで外部に発言者を
ディスクローズするかの判断は微妙なものがありますが、必
要に応じて明示することも検討していいでしょう。

キーワード
アジェンダ、議事録、ディスクローズ

ＭＢＡ　キーワード一覧

ア行

アウフヘーベン	159
悪魔の代弁者	33
アサインメント	173
アジェンダ	287
アテンションの奪い合い	115
アルゴリズム	183
アルフレッド・D・チャンドラーJr.	167
あるべき姿	51
アンシステマティック・リスク	235
暗黙の前提	63
イゴール・アンゾフ	167
イシュー	21
異常値	193
伊丹敬之	83
5つの力	75
稲盛和夫	95
イノベーション	243
イノベーションのジレンマ	91
意味合い	37
意味づけ	151
違和感	203
因果関係	57
インセンティブ	85
インフルエンサー	136
ウォンツ	109
売上の計上基準	213
売掛金	225
運転資本	225
影響力の武器	281
エコシステム	169,255
江副浩正	169
エボークトセット	121
エンパワメント	143
大野耐一	57
オーバースペック	91
小倉昌男	133
落とし所	275

カ行

買掛金	225
会議体	99
会計方針	213
改善感度	55
課金方式	257
確証バイアス	33
可視化	35,161
過剰な操作	203
仮説検証	59
価値観	171
価値創造型の交渉	269
価値分配型の交渉	269
勝てる戦	73
カルチャーサーベイ	217
慣性の法則	161
機会費用	187
危機感の醸成	161
企業価値	233
企業ブランド	125
希少性	281
議事録	287
詭弁	39
客単価	129
キャッシュフロー	225
キャッシュフロー・ステートメント（CFS）	209
ギャップ	51
キャリアデザイン	35
共感	143
共通価値	97
金銭の時間的価値	227
金利	227
口コミ	129
グッドネゴシエーター	269
グラフ化	193
クレイトン・クリステンセン	91
黒字倒産	225
経営上のリスク	211

経営理念	169,249	再認率	119
経済 vs. 政治	273	財務諸表	209
計算の前提	181	サウスウエスト航空	133
形式 vs. 実質	273	サティスファクション・ミラー(鏡面効果)	
継続性の原則	213		133
傾聴	155	差別化	73
ゲームチェンジャー	79	差別化イメージ	115
ゲームのルール	73	差別化戦略	81
ゲーリー・ハメル	81	産業消滅	91
結果責任	131	3C	25
減価償却費	225	参照値	29
減価償却方法	213	散布図	193
現在価値	227	サンプルの偏り	199
検証リサーチ	59	サンプル数不足	199
権威	281	ジェイ・B・バーニー	95
コーチング	155	ジェイムズ・L・ヘスケット	133
好意	281	視覚に訴える	141
行為の意図せざる結果	175	事業再編	71
好感度	119	事業ポートフォリオ	87
広告モデル	257	資金繰り	225
好循環	161	資金調達コスト	231
行動の仮説	37	時系列変化	217
公平	143	資源に制約されないマインド	263
顧客起点	107	資源ベースの競争論(RBV)	95
顧客接点	136	思考停止	31
顧客ポートフォリオ	136	思考投入	251
顧客ロイヤルティ	119,129	自社の強み	83
志	263	市場規模	75
コストリーダーシップ戦略	81	市場の棲み分け	73
ご都合主義	149	市場の魅力度	249
コト作り	255	市場の魅力度×競争優位構築の	
言葉のモデル式	197	可能性マトリクス	77
コミュニケーション	99	システマティック・リスク	235
コンセプトテスト	113	システム1	43
コントロール・システム	217	システム2	43
コンフリクト	159	持続可能性(サステナビリティ)	97
		自尊心	143
サ行		実績重視	131
		質問	155
再現性	107	失敗こそ最善の教師	247
在庫	225	失敗のコスト	243
再生率	119	社会的証明	281
最大多数の最大幸福	51	社会の公器	211
最適資本構成	233		

ジャック・ウェルチ	141
周囲の目によるプレッシャー	215
従業員満足（ES）	133
集合知	285
出所	29, 181
守備範囲	151
常識を疑う	63
試用促進	121
象徴 vs. 実際	273
ジョン・P・コッター	161
真因	57
進化	87
人格攻撃	41
人材育成	173
人材の流動化	263
信用	125
信頼	125, 143
数字作成の意図	181
スキルアップ	35
スクリーニング	249
鈴木敏文	59
スティーブ・ジョブズ	95
ステークホルダー	31
ストーリー	245
3M	247
正規分布	201
税効果会計	213
生産性	189
生存者バイアス	187
成長性	75
成長率	189
製品コンセプト	113, 115
責任	173
セグメンテーション	107
切磋琢磨	159
節税効果	233
説得の三層構造	277
説得のレバー	277
説明責任	131
セブン–イレブン	59
セルフモチベーション	151
潜在ニーズ	111
全社視点の欠如	283

選択と集中	71
戦略は実行	69
相関係数	235
創造性	261
想像力	261
争点	269
組織の慣性	167
組織文化	171
損益計算書（P/L）	209
孫子	69
損得勘定	277

タ行

ターゲティング	107
第一想起ブランド	119
大義	277
貸借対照表（B/S）	209
対症療法	57
大数の法則	199
代替品	91
対内 vs. 対外	273
代表値	201
高い視座	147
棚落ち	117
たな卸資産の評価基準と評価方法	
	213
ダニエル・カーネマン	43
多様性	159, 171, 285
中央値	201
ティーチャーカスタマー	136
抵抗勢力	85
提供価値	115
ディスクロージャー	211
ディスクローズ	287
定点観測	217
ティナ・シーリグ	261
定番商品	121
ディベート	283
定例会議	219
データの改竄	29
デファクトスタンダード	259
ドア・イン・ザ・フェイス	281
統計的に有意	199

特性理論	145
独立性	285
「どっちもどっち」論法	39
トヨタ式生産システム	57
トヨタ自動車	173
トレードオフ	81

ナ行

内発的動機	261
ニーズ	109
20-80の法則	61
日経平均225	187
人間観察	183
人間心理	183
ネットワークの経済性	259
能力開発	85

ハ行

ハイライト	193
破壊的イノベーション	91
バラつき	231
バリューチェーン	25
ハロー効果	43
美意識	277
引当金	213
ビジネス・フレームワーク	25
ビジネスモデル	255
ビジョナリー・カンパニー2	171
ビジョン	245
ヒストグラム	201
ビッグデータ	183
批判精神	29
ピボット	61,243
ピラミッド構造	25
ビル・ゲイツ	169
ヒントを与える	155
ファクトベース	29
フィリップ・コトラー	107
フェルミ推定	197
フォーカス	261
フォロワーシップ	147
不確実性	231
俯瞰	255

複眼思考	31
複利計算	227
不正会計	211
フット・イン・ザ・ドア	281
部分最適	69
プライミング効果	43
プラットフォーム	259
ブランド毀損	136
ブランドスイッチ	129
ブランド連想	125
フリーキャッシュフロー	225
フリーミアム	257
ブルーオーシャン戦略	77
ブレークスルー	81
フレーミング	43
ブレーンストーミング	249
フレキシブルな要素	169
プレファレンス	121
プロフェッショナルな経営	219
分散性	285
分散投資	235
粉飾決算	211
変革の足かせ	123
変化の常態化	87
ベンチマーク	83
ポートフォリオ	235
補完者	259
ポジショニング（差別化イメージ）	
	95,107,115
ポジショントーク	149
保守性	131
補助線	193
本質的価値	117

マ行

マーク・ザッカーバーグ	241
マーケティング・プロセス	107
マーケティング・ミックス(4P)	107
マーケティング・リサーチ	113
マイケル・ポーター	71
マインドシェア	119
松下幸之助	123
マニュアル	157

マネジメントチーム	245
マンダラート	251
見えざる資産	83
メタレベル	35
メッセージ性	201
メンタルモデル	157
面倒くさい	111
目的意識	151
目標設定	275
模範的フォロワー	147
模倣困難性	95
盛田昭夫	113
モンスター顧客	136

ヤ行

ヤマト運輸	133
山本五十六	149
勇気ある良心	147
余剰の排除	117
4P	25

ラ行

楽がしたい	111
ラットレース	117
リーダー育成	145
リーンスタートアップ	61,241
利益代表	283
利益方程式	257
利益モデル	257
利益率	189
リクルート	169
リコメンデーション	183
リジッドな要素	169
リスク	227,231
リターン	231
リピート購買	129
リフレーム	261
レーザーブレードモデル	121
レッドオーシャン	77
ローボール	281
論点	21

ワ行

藁人形論法	39
割引率	227
ワン・オン・ワン・ミーティング	153
「1スライド、1メッセージ」	45

A-Z

apple to orange	187
Being	125
CSR	97
CSV	97
CVP	255
Garbage in, garbage out	181
GE	87
Hacker Way	241
How?	55
KISS	45
KPI（重要業績指標）	99,215
KSF	79
Less is More	45
MBO	217
MECE	55
MM理論	233
MVP	241
NPS	129
Off-JT	173
OJT	173
Out of box	63
PDCA	99
PDCAの入れ子構造	219
PEST	25
SCAMPER	251
So What?（だから何？）	25,37
Silent customer is silent gone	129
WACC	231
Where?	55
Why?	25,55
Win-Win	31
Win-Winの妥結点	269
ZOPA	273
β	231

参考図書

Chapter1　論理思考
『考える技術・書く技術──問題解決力を伸ばすピラミッド原則』ダイヤモンド社、バーバラ・ミント著
『ロジカル・シンキング──論理的な思考と構成のスキル』東洋経済新報社、照屋華子、岡田恵子著
『グロービスMBAクリティカル・シンキング』ダイヤモンド社、グロービス経営大学院著

Chapter2　問題解決
『グロービスMBAクリティカル・シンキング』ダイヤモンド社、グロービス経営大学院著
『論点思考』東洋経済新報社、内田和成著
『ビジネス仮説力の磨き方』ダイヤモンド社、グロービス著

Chapter3　経営戦略
『競争の戦略』ダイヤモンド社、マイケル・E・ポーター著
『企業戦略論[上][中][下]基本編 競争優位の構築と持続』ダイヤモンド社、ジェイ・B・バーニー著
『企業参謀』good.book、大前研一著
『ストーリーとしての競争戦略──優れた戦略の条件』東洋経済新報社、楠木建著

Chapter4　マーケティング
『マーケティング原理 第9版──基礎理論から実践戦略まで』ダイヤモンド社、フィリップ・コトラー、ゲイリー・アームストロング著
『カスタマー・ロイヤルティの経営──企業利益を高めるCS戦略』日本経済新聞社、ジェームス・L・ヘスケット、レオナード・A・シュレシンジャー著
『サービスを制するものはビジネスを制する』東洋経済新報社、グロービス著

Chapter5　リーダーシップ
『グロービスMBAリーダーシップ』ダイヤモンド社、グロービス経営大学院著
『組織行動のマネジメント──入門から実践へ』ダイヤモンド社、スティーブン・P・ロビンス著
『チーム思考』東洋経済新報社、グロービス著

Chapter6　組織
『グロービスMBA組織と人材マネジメント』ダイヤモンド社、グロービス経営大学院著
『ビジョナリー・カンパニー 2 飛躍の法則』日経BP社、ジム・コリンズ著
『競争優位としての経営理念』PHP研究所、グロービス著

Chapter7　定量分析
『定量分析の教科書』東洋経済新報社、グロービス著
『統計学が最強の学問である』ダイヤモンド社、西内啓著

Chapter8　アカウンティング

『グロービスMBAアカウンティング』ダイヤモンド社、グロービス経営大学院著

『[実況]アカウンティング教室』PHP研究所、グロービス著

『稲盛和夫の実学──経営と会計』日経ビジネス文庫、稲盛和夫著

Chapter9　ファイナンス

『グロービスMBAファイナンス』ダイヤモンド社、グロービス経営大学院著

『バリュエーションの教科書』東洋経済新報社、森生明著

『ファイナンシャル・マネジメント 改訂3版──企業財務の理論と実践』ダイヤモンド社、ロバー
　ト・C・ヒギンズ著

Chapter10　新事業創造

『アントレプレナーの教科書』翔泳社、スティーブン・G・ブランク著

『ビジネスモデル全史』ディスカヴァー・トゥエンティワン、三谷宏治著

『ビジネスロードテスト──新規事業を成功に導く7つの条件』英治出版、ジョン・W・ムリンズ
　著

Chapter11　交渉・説得・会議

『グロービスMBAで教えている 交渉術の基本──7つのストーリーで学ぶ世界標準のスキル』
　ダイヤモンド社、グロービス著

『影響力の武器 第三版──なぜ、人は動かされるのか』誠信書房、ロバート・B・チャルディーニ
　著

『ファシリテーションの教科書──組織を活性化させるコミュニケーションとリーダーシップ』東
　洋経済新報社、グロービス著

［著者紹介］

グロービス

1992 年の設立以来、「経営に関する『ヒト』『カネ』『チエ』の生態系を創り、社会の創造と変革を行う」ことをビジョンに掲げ、各種事業を展開している。

グロービスには以下の事業がある。（http://www.globis.co.jp/）

● グロービス経営大学院
 ・日本語（東京、大阪、名古屋、仙台、福岡、オンライン）
 ・英語（東京、オンライン）
● グロービス・マネジメント・スクール
● グロービス・コーポレート・エデュケーション
 （法人向け人材育成サービス／日本・上海・シンガポール・タイ）
● グロービス・キャピタル・パートナーズ（ベンチャーキャピタル事業）
● グロービス出版（出版／電子出版事業）
●『GLOBIS 知見録』（ビジネスを面白くするナレッジライブラリ）

その他の事業

● 一般社団法人 G1（カンファレンス運営）
● 一般財団法人 KIBOW（震災復興支援活動）

［執筆者紹介］

嶋田 毅 （しまだ・つよし）

グロービス出版局長、グロービス電子出版編集長兼発行人、『GLOBIS 知見録』編集顧問、グロービス経営大学院教授。

東京大学理学部卒業、同大学院理学系研究科修士課程修了。戦略系コンサルティングファーム、外資系メーカーを経てグロービスに入社。著書に『利益思考』（東洋経済新報社）、『グロービス MBA キーワード 図解 基本ビジネス分析ツール 50』『グロービス MBA キーワード 図解 ビジネスの基礎知識 50』『グロービス MBA キーワード 図解 基本フレームワーク 50』『グロービス MBA ビジネス・ライティング』『ビジネス仮説力の磨き方』（以上ダイヤモンド社）、『ビジネスで騙されないための論理思考』『競争優位としての経営理念』『［実況］ロジカルシンキング教室』『［実況］アカウンティング教室』（以上 PHP 研究所）、『ロジカルシンキングの落とし穴』『バイアス』『KSF とは』（以上グロービス電子出版）。その他にも多数の共著書、共訳書がある。

MBA100の基本

2017 年 1 月 26 日　第 1 刷発行
2017 年 3 月 3 日　第 3 刷発行

著　者——グロービス
執　筆——嶋田　毅
発行者——山縣裕一郎
発行所——東洋経済新報社
　　　　　〒103-8345　東京都中央区日本橋本石町 1-2-1
　　　　　電話＝東洋経済コールセンター　03(5605)7021
　　　　　http://toyokeizai.net/

装　丁………………遠藤陽一(ワークショップジン)
本文デザイン・DTP……高橋明香(おかっぱ製作所)
印　刷………………東港出版印刷
製　本………………積信堂
編集担当……………宮崎奈津子
©2017 グロービス(Globis Corp.)　　　　Printed in Japan　　　ISBN 978-4-492-04606-7

　本書のコピー、スキャン、デジタル化等の無断複製は、著作権法上での例外である私的
利用を除き禁じられています。本書を代行業者等の第三者に依頼してコピー、スキャンや
デジタル化することは、たとえ個人や家庭内での利用であっても一切認められておりません。
　落丁・乱丁本はお取替えいたします。